相鉄沿線の近現代史

岡田　直

目次

ＣＰＣリブレ　No.20

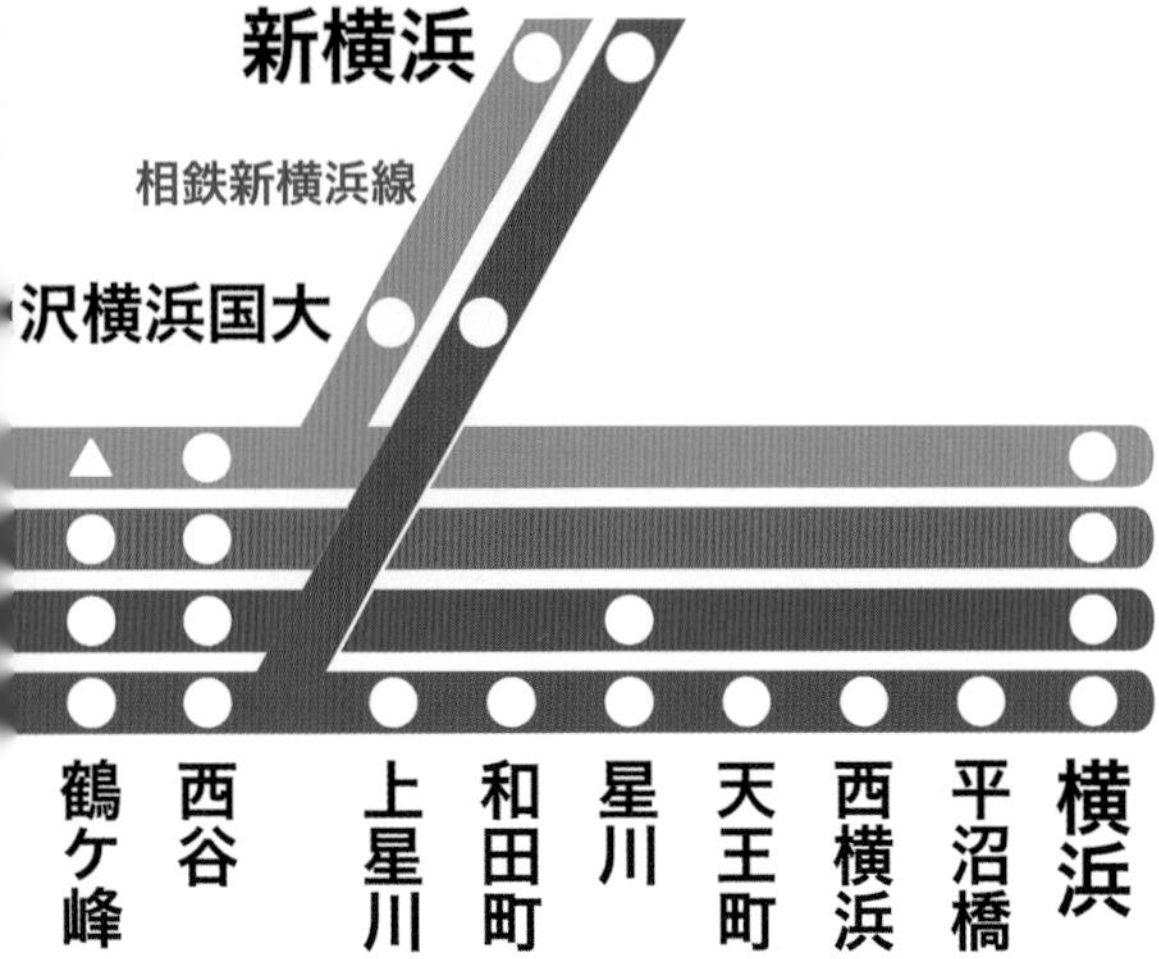

新横浜駅

列車種別

特急・通勤特急
(△通勤特急は鶴ケ峰に停車)

通勤急行

快速

各停

羽沢横浜国大駅

大和駅

横浜駅

相鉄線路線図

希望ケ丘　三ツ境　瀬谷　大和　相模大塚　さがみ野　かしわ台　海老名

相鉄本線
相鉄いずみ野線

南万騎が原　緑園都市　弥生台　いずみ野　いずみ中央　ゆめが丘　湘南台

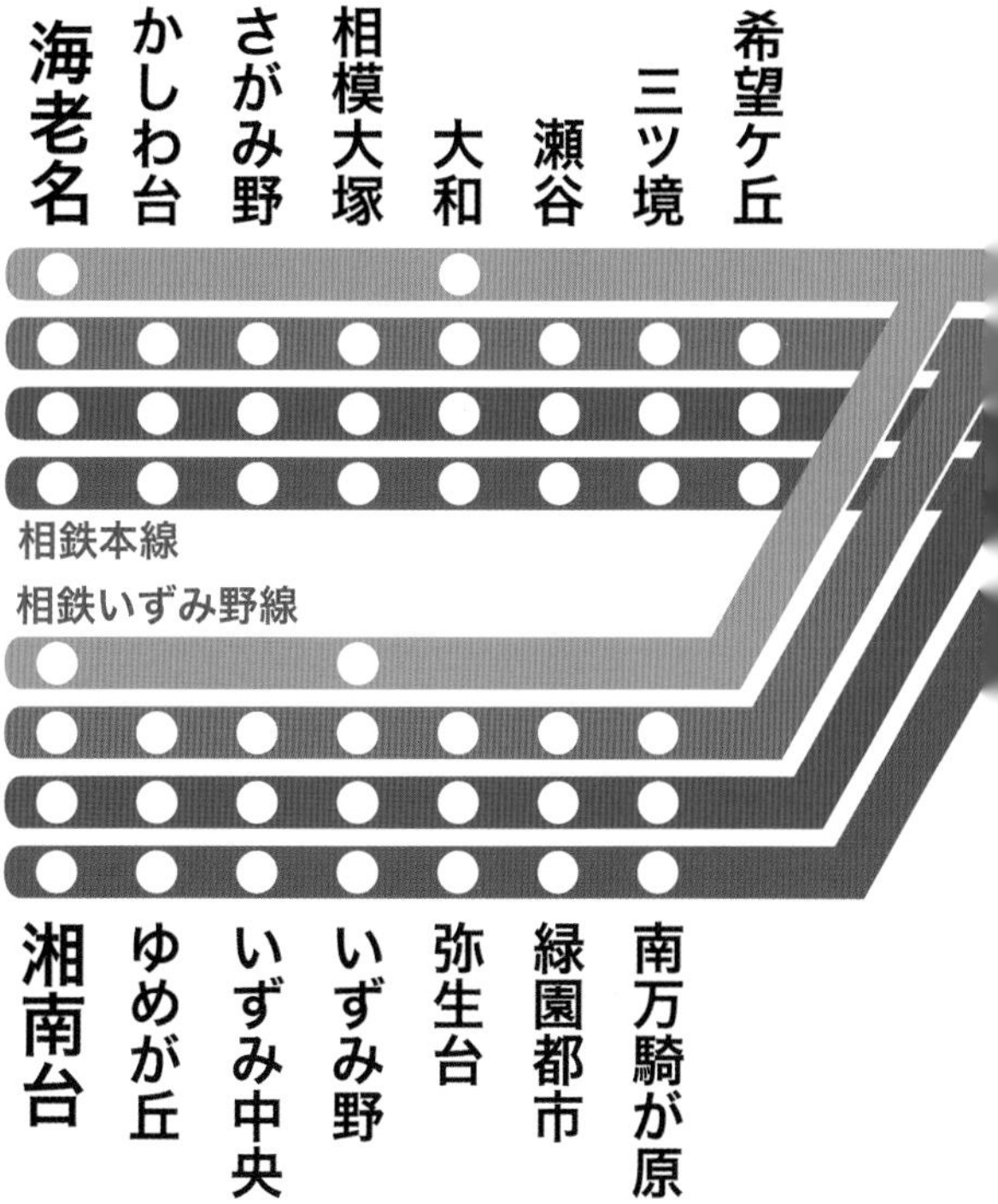

海老名駅

湘南台駅

ゆめが丘駅

大規模複合商業施設　ゆめが丘ソラトス

「路線図」提供：相模鉄道

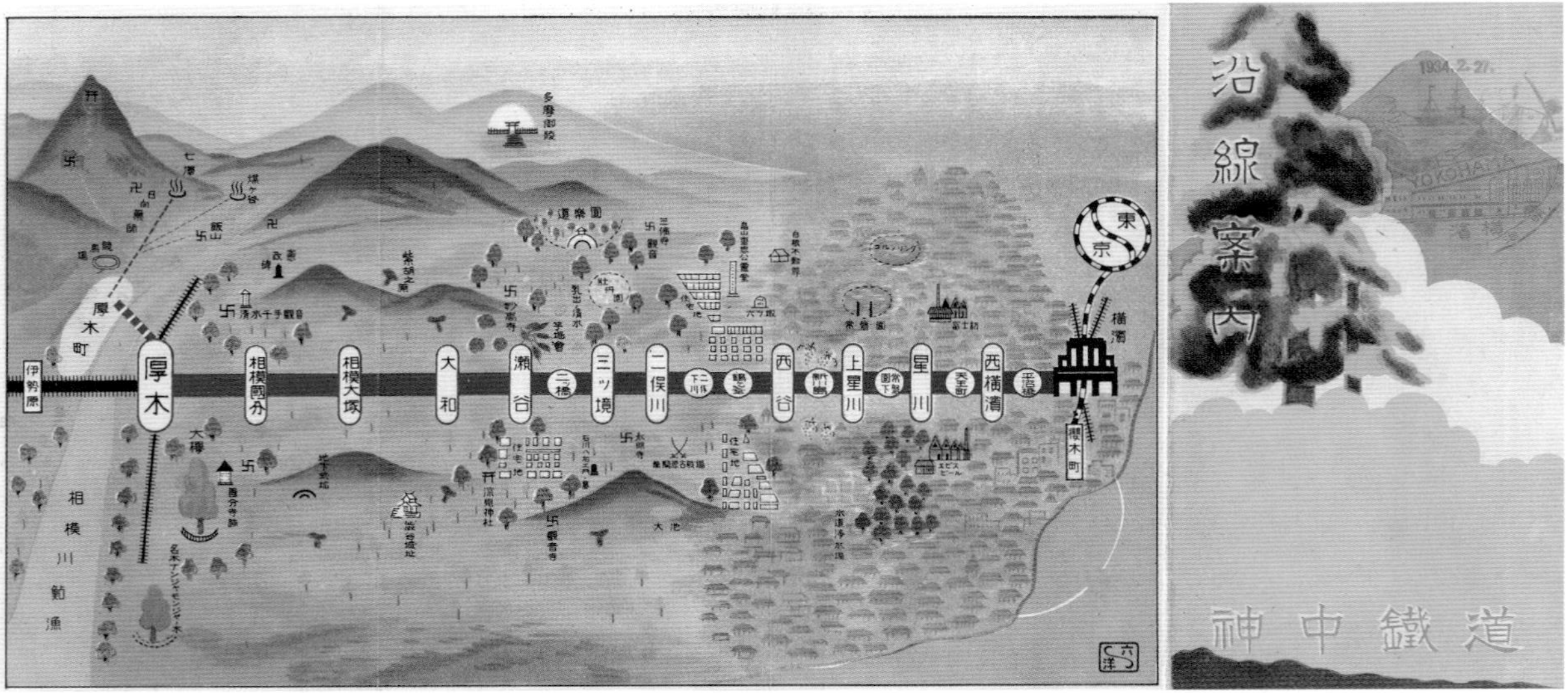

「沿線案内 神中鉄道」
神中鉄道株式会社、1933（昭和 8）年頃、横浜都市発展記念館所蔵

序章　神中鉄道から相模鉄道への歴史

神奈川・横浜と相模鉄道

横浜市を含む神奈川県には、ＪＲの他、東急電鉄や京急電鉄、小田急電鉄など、複数の大手私鉄の路線が走っています。江ノ島電鉄（江ノ電）や箱根登山鉄道などの中小私鉄も存在します。大手私鉄のうち相模鉄道（相鉄）は、その仲間入りをしたのが平成になってからと最も遅く、路線の総距離は四四・四キロと、規模は大手私鉄で最小です。

しかし唯一、神奈川県（横浜市）に本社を置き、神奈川・横浜の歴史と深く関わってきました。その路線網は横浜市の西区から保土ケ谷区、旭区、瀬谷区、泉区と、大和、海老名、藤沢等の各市にまたがっており、令和の時代になって、横浜市の神奈川区と港北区にも路線が伸びました。そして、他社線への乗り入れによってですが、東京都や埼玉県にも相鉄の電車が走るようになりました。

では、「相模鉄道」という名称になったのはなぜでしょうか。横浜市内のうち瀬谷・泉区と、市外各市は社名の通り旧・相模国に属しますが、横浜駅や二俣川駅、本線の主要区間がある横浜市の西区や保土ケ谷区、旭区などは、そもそも旧・武蔵国に含まれます。実は今から一〇〇年以上前の一九一七（大正六）年一二月、相模鉄道と神中鉄道という、二つの鉄道会社がそれぞれ創立されました。この二社の名と実が絡み合いながら、今日の相模鉄道が生まれるのです。

相模鉄道と神中鉄道（当初は神中軌道）のいずれも、当時まだ鉄道の走っていなかった神奈川県の中央部と、国有鉄道の東海道本線とを結ぶことが大きな目的でした。前者は高座郡茅ヶ崎町（現・茅ヶ崎市）を起点として、相模川の左岸を北上し、後者は横浜近郊の橘樹《たちばな》郡保土ヶ谷町（現・横浜市保土ケ谷区）を起点に、八王子街道や厚木（大山）街道に沿って進む鉄道として計画されました。

神中鉄道の開業

まず相模鉄道についてですが、同鉄道は東海道本線の茅ヶ崎駅から、一九二一（大正一〇）年九月に寒川駅まで開通しました。その後も相模川に沿って、その左岸に路線を延伸していきます。一九二六（大正一五）年四月に倉見駅まで、同年七月には厚木駅まで開通しました。そして、一九三一（昭和六）年四月、横浜線の橋本駅に接続し、一九一六（大正五）年六月に免許を受けた路線を、計画通り全通させます。相模鉄道によって、横浜線を介し東海道本線と中央本線の二大幹線を結ぶことが可能になりました。「相模」の社名は、もちろん沿線の旧国名に由来します。この相模鉄道は、現在の相鉄のことではなく、JR相模線の前身です。

そして、神中鉄道についてです。実は現在の相鉄を建設したのはこちらの会社です。

一九一六（大正五）年八月、東海道本線の程ヶ谷（現・保土ケ谷）駅の付近から、都筑郡の二俣川村、鎌倉郡の瀬谷村を経て、高座郡海老名村の河原口（相模川河岸）までを結ぶ、軌道の敷設特許を取得しました。社名を「神中軌道」と称しました。神中軌道は、一部区間は厚木街道（神奈川県道）の路上を走行する、蒸気軌道（軌間七六二ミリ）として発起されました。しかし、輸送力が軌道よりも大きく、地域振興や事業の経営において有利な軽便鉄道（後の地方鉄道）への変更を決定し、一九一九（大正八）年五月、その免許を取得します。軌間は国有鉄道（省線）と同じ一〇六七ミリ（狭軌）とされ、社名が「神中鉄道」に改められました。

そもそも「神中《じんちゅう》」とは、神奈川県の中央部を略したものと思われます。相模川に架橋することは回避しましたが、終点から相模川を越えた対岸は愛甲郡厚木町でした。厚木は江戸時代より、相模川に矢倉沢往還（別名は大山街道、一部に厚木街道）が交差する交通・流通の要地で、明治・大正時代においても、神奈川県中央部（高座郡や愛甲郡など）の最も主要な都市でした。神中鉄道が目的地としたのはこの厚木の地に他なりません。終点は海老名村に位置しましたが、「厚木」駅と名乗ります。

しかし、着工の直前に関東大震災が発生します（一九二三年）。横浜市高島町にあった横浜駅（二代目）が焼失するなど、横浜の市街地は大きな被害を受けて焦土と化しました。神中鉄道はこれを機に、二俣川村以東のルートの変更をはかります。一九二五（大正一四）年一月、ルートを帷子《かたびら》川沿いに変更することが認められ、起点を東海道本線の横浜駅に置くことになりました。つまり、現在の相鉄本線のルートです。

一九二四（大正一三）年八月、改めて建設工事が開始されます。線路の敷設は終点の側から進められていきます。一九二六（大正一五）年五月、まず海老名村の厚木駅から二俣川駅までの区間が竣工し、神中鉄道が創業しました。途中に起点側から、三ツ境、二ツ橋（現在廃止）、瀬谷、大和、相模大塚、相模国分（現在廃止）の各駅が開業します。

二俣川駅から横浜方面へは、暫定的な起点を順次移すかたちで延伸していきます。一九二六（大正一五）年中の一二月に星川（現・上星川）駅まで（途中に西谷駅開業）、一九二七（昭和二）年五月に北程ヶ谷（現・星川）駅まで延伸し、起点が移動します。さらに一九二九（昭和四）年二月には西横浜駅、一九三一（昭和六）年一〇月に平沼橋駅が起点となりました。その間の一九三〇（昭和五）年九月に天王町、常磐（盤）園下（現・和田町）、新川島（現在廃止）、翌月に鶴ヶ峰の各途中駅が開業します。

そして、一九三三（昭和八）年一二月、横浜駅（三代目）への乗り入れ工事がようやく完成します。こうして神中鉄道の横浜～厚木駅間（二六・一キロ）が全通しました（図0-1）。それに先立ち、同年四月に北程ヶ谷駅を星川駅、星川駅を上星川駅に改称しています。

神中鉄道と相模鉄道

さて、相模川に並行する、先述の相模鉄道の運営は、相模川で採取した砂利の運搬と販売が、当初の目論見通り、大きな比重を占めていました。

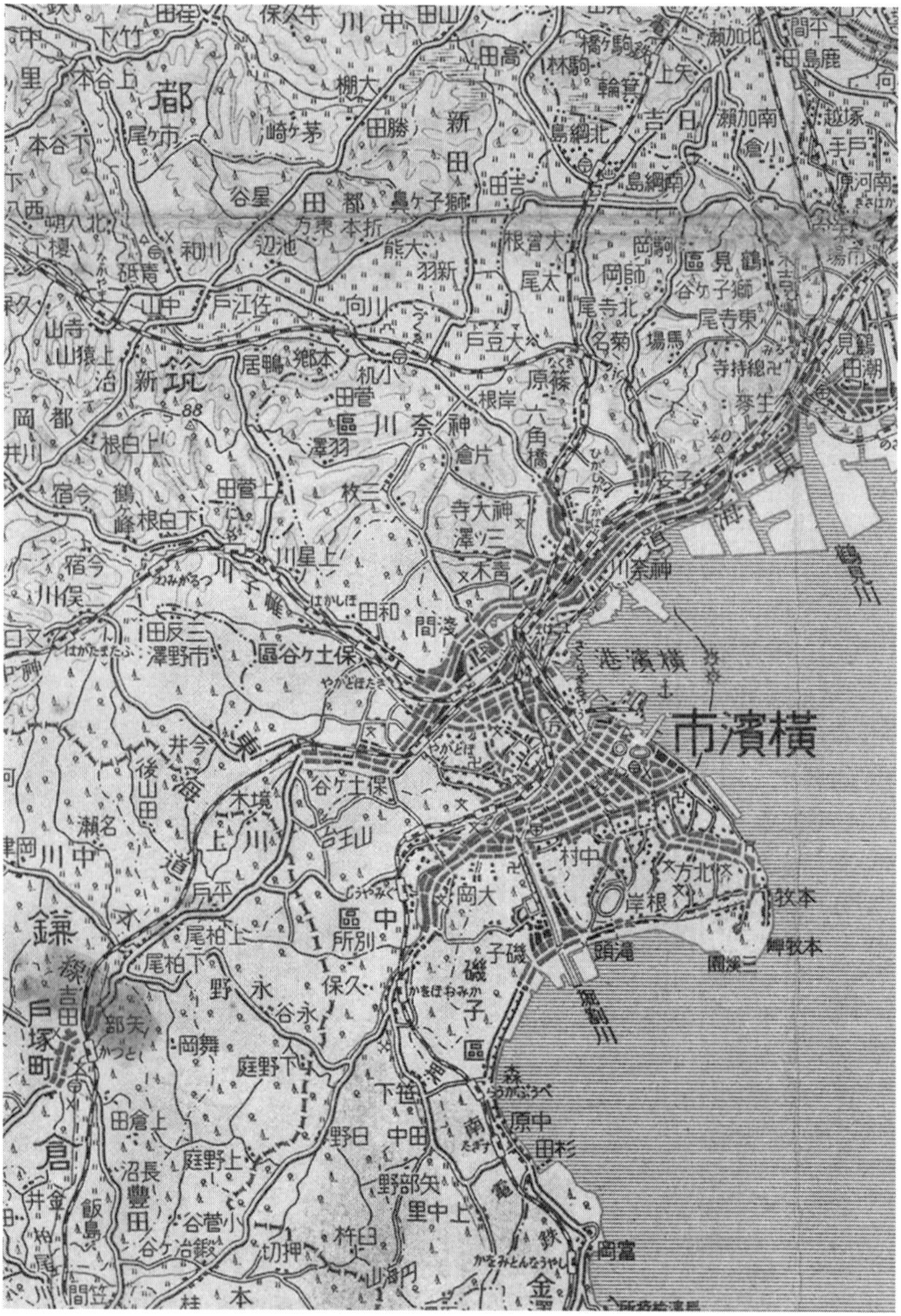

横濱市
横濱港
神奈川區
保土ヶ谷區
中區
磯子區
鶴見區
戸塚町

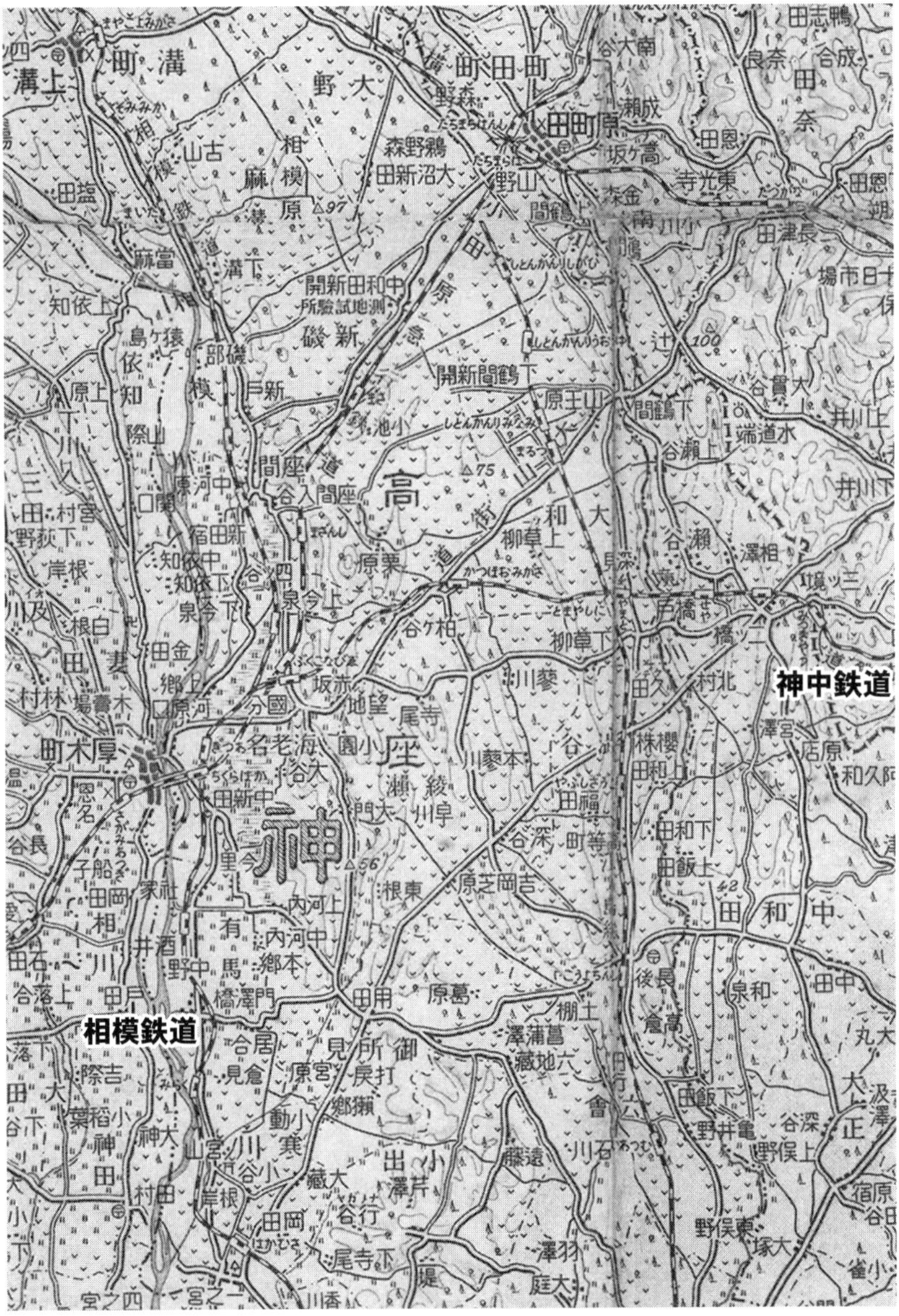

図 0-1　開通した神中鉄道の路線
20 万分 1 帝国図「東京」(1934 年)、加筆

それは神中鉄道も同じでした。開業と同時に、河岸の厚木駅より横浜方面へ、相模川の砂利の輸送を開始しました。ただし、相模鉄道に比べると、規模は小さいものでした。ところが、神中鉄道では、横浜市内の区間の沿線で市街地化が徐々に進展し、旅客の輸送が増えていきます[1]。一九二九（昭和四）年四月に頻発運転に適した旅客用の気動車（ガソリンカー）が投入され、横浜駅への乗り入れが実現すると、運輸収入は倍増しました。

全通後の一九三五（昭和一〇）年前後には、蒸気列車と気動車を織り交ぜて、横浜〜厚木駅間の全線に日中毎時一本の列車が設定され、横浜市内の横浜〜上星川駅間には、それに加えて毎時二本の区間列車が設定されています。さらに工場や会社、学校などの通勤通学の時間帯には、横浜〜二俣川駅間などの区間列車も運行されていました[2]。

終点の厚木駅は相模鉄道との接続駅でしたが、神中鉄道は厚木駅から相模川対岸の厚木町へのアクセスをはかります。当初は他社の相模自動車に委託をして、バス（乗合自動車）で旅客の輸送を行いましたが、一九三一（昭和六）年三月より無料の連絡バスを直営で運行します。また、小田原急行鉄道が一九二七（昭和二）年四月に開通し、相模川の左岸（海老名村）に河原口（現・厚木）駅、右岸（厚木町）に相模厚木（現・本厚木）駅を開設すると、一九二九（昭和四）年一月、神中鉄道は厚木駅構内の線路を南へ約三〇〇メートル、河原口駅付近まで延ばし、中新田口ホーム（乗降場）を設けて小田原急行鉄道との連絡をはかりました。

そして、一九四一（昭和一六）年一一月には、厚木駅の手前の相模国分駅より線路を分岐して、終点を海老名駅に移し、海老名駅で小田急電鉄[3]に直通できるようにしました。こうして横浜駅からの神中鉄道の列車が、相模川を渡り、相模厚木駅へ乗り入れたのです[4]。気動車が運転され、所要時間は約一時間一〇分でした。

それでも、神中鉄道の経営は、一九三〇年代後半に黒字になったとはいえ、資本金を減資するなど、決して芳しくはありませんでした。そこで一九三九（昭和一四）年一一月、東京横浜電鉄の傘下に入ります（同社社長の五島慶太が神中鉄道社長を兼任）。東横電鉄より資材の供給を受け、戦時中の一九四二（昭和一七）年六月、横浜～西谷駅間の電化が実現し、ようやく電車の運転が開始されました。すでに戦時下にあり、気動車に必要な石油の入手が困難になっていたことも背景にあります[5]。

また、一九四〇年代、沿線の高座郡大和村の付近には、厚木飛行場（海軍航空隊）、高座海軍工廠など、海軍の施設が建設され、軍事輸送が増大していきます。それに対応するため、効率的な鉄道の運営を求める国や軍の要望もあり、一九四三（昭和一八）年四月、同じく東京横浜電鉄の傘下となっていた相模鉄道に統合されます。つまり、横浜～海老名駅間の路線（および相模国分～厚木駅間の貨物線）は、相模鉄道の神中線となったのです[6]。

ところが、その翌年六月、相模鉄道の相模線（茅ヶ崎～厚木～橋本駅間など）のみが切り離され、国有化されてしまいます。戦時の輸送体制を強化する中、東海道本線と中央本線をつなぐ短絡線として重視されたためで、国鉄相模線となりました。つまり、相模鉄道は創業以来の本線を失い、後に併合した別会社に由来する支線（神中線）だけを有する会社となりました。

神中鉄道が実を残し、相模鉄道は名だけを残すことになったのです。

東急系列下の相模鉄道

しかし、相模鉄道は、物資の不足や車両の老朽化、空襲の激化などで運営が困難となります。終戦直前の一九四五（昭和二〇）年六月には、鉄道事業を東京急行電鉄に委託しました。神中線は同社の厚木線と呼ばれることになります。

東急の経営下に置かれた同年一二月、すでに終戦後になりますが、海老名駅から小田急電鉄（当時は東京急行電鉄小田原線）の本厚木駅（旧・相模厚木駅）への乗り入れが再開されました。また、一九四六（昭和二一）年一二月には、電圧の問題を解決し、横浜〜海老名駅間での電車の直通運転が実現します。すでに一九四四（昭和一九）年九月に横浜〜海老名駅間の全線電化が完成していましたが、電圧の違いで二俣川駅を境に運行が分断されていたのです。

こうして東急経営下の厚木線（神中線）は、敗戦の直前直後の混乱期を乗り越え、むしろ更新を重ねます。一九四七（昭和二二）年五月、東京急行電鉄への経営委託が解除され、翌月、相模鉄道の経営による路線として再び自立しました。新制の相模鉄道（相鉄）の誕生です（図0-2）。

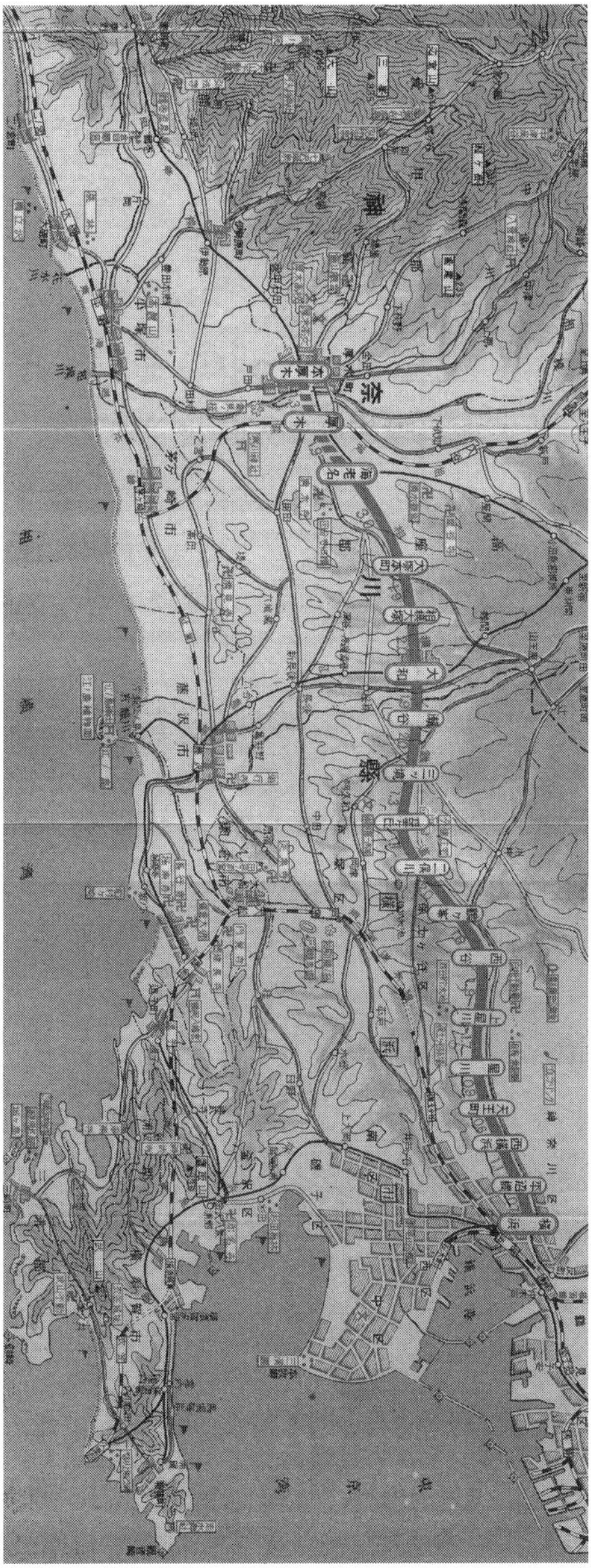

図0-2 「沿線案内」
相模鉄道株式会社、1950（昭和25）年頃、個人旧蔵
＊戦後の新制・相模鉄道の路線図

新制・相模鉄道の時代

相模鉄道は戦後すぐに、沿線の開発を積極的に展開します。その皮切りとして、一九四八（昭和二三）年五月に希望ヶ丘駅を新設し、当時は横浜市保土ヶ谷区に含まれた駅周辺（現在は旭区）で住宅地の分譲を行いました。また、西区藤棚町にあった旧制の県立横浜第一中学校を誘致し、新制の県立希望ケ丘高校が開校しました。そして、三ツ境や瀬谷などの地区の住宅地も、この時期より開発を手がけました。

高度経済成長期に入り一九五〇年代後半になると、購入者が住宅金融公庫から融資を受けられる公庫建売住宅の販売も手がけました。二俣川駅の南方約一キロ一帯に、一九五八（昭和三三）年より神奈川県とともに開発を進めた万騎が原《まきがはら》地区（現・横浜市旭区）を筆頭にして、上星川駅の付近の釜台《かまだい》、鶴ヶ峰駅を最寄りとする白根、三ツ境駅北側の楽老峰、さらに海老名町（当時）の国分寺台などの宅地開発を行いました。

また、日本住宅公団（現・UR）や県・市の住宅供給公社による、あるいは県営・市営による集合住宅団地、いわゆる「団地（ダンチ）」も多数、建設されました。特に相鉄沿線は横浜の「ダンチ銀座」と呼んでよいかもしれません。第四章で詳しく述べますが、例えば、住宅公団による明神台団地（一九五九年入居開始）や左近山団地（同一九六八年）、横浜市営のひかりが丘団地（同一九六九年）、神奈川県の公社による若葉台団地（同一九七九年）などが上げられます。

団地は鉄道の駅から離れていたり、特に鉄道の利用を考慮することなく急ぎ造成されたものが多いと思われます。それでも、相模鉄道が自社で造成した住宅地とともに、沿線人口を増大させ、相鉄の利用者数を大きく増やしていきました。

相鉄電車への進化

そのため相模鉄道では、施設や車両、サービスの改良が重ねられました。開通以来、線路は単線でしたが、一九五〇年代に複線化に着手し、一九五二（昭和二七）年一二月までに西横浜～希望ヶ丘駅間の複線化が順次完成します。そして、一九五七（昭和三二）年一月に念願の横浜～西横浜駅間が複線化(7)。一九六〇（昭和三五）年一一月までに複線区間は横浜～大和駅間となり、一九七四（昭和四九）年三月に全線（横浜～海老名駅）の複線化が完了しました。

車両は戦後、他社からの譲受車や気動車の改造車が混在していましたが、一九五五（昭和三〇）年一二月に高性能の（初代）五〇〇〇系電車を新造しました。その後も大型化やアルミ化、冷房化などの改良を進めます。保有する車両の数は一九六三（昭和三八）年に一〇〇両を突破し、それを記念して相模鉄道にとって初めての記念切符も発売されました（図0-3）(8)。また、すでに一九五〇年代には「相鉄」の愛称が定着していたようですが、一九五九（昭和三四）年に正式に略称として制定されました。

図 0-3 「100 両突破記念乗車券」
相模鉄道株式会社、1963（昭和 38）年、横浜都市発展記念館所蔵
＊橋上駅舎が完成したばかりの鶴ヶ峰駅を、デビューから間もない新車の 6000 系電車が発車する。

列車の長編成化と運転本数の増発も続けられます。一九五七（昭和三二）年二月には横浜～希望ヶ丘駅間ノンストップの準急電車がラッシュ時の上りに登場し、翌年一一月には下りでも運転を開始しました（希望ヶ丘～海老名駅間は各駅停車）。ラッシュ時の一部の電車は海老名駅より小田急の本厚木駅へ直通しましたが、一九六四（昭和三九）年四月、準急の停車駅に二俣川駅が加えられ、同年一一月、準急が「急行」に改められるとともに、小田急への乗り入れは廃止されました。そして、一九六六（昭和四一）年一一月には日中にも急行の運転が開始されます。

また、周辺の市街地化と乗降客の増加に応じて、一九六二（昭和三七）年五月に鶴ヶ峰駅、一九六四（昭和三九）年四月に二俣川駅が橋上駅となったのを皮切りに、駅舎の橋上駅化が進められます。西横浜駅（一九六四年）、西谷駅（一九六六年）などが後に続きました。

なお、起点を置く横浜駅西口の一帯は、関東大震災の後、米国石油会社の資材置き場のまま戦後まで放置されていましたが、相模鉄道がこの土地を払い受け、繁華街「横浜センター」の建設に着手します。一九五六（昭和三一）年四月に横浜駅名品街をオープンさせ、一九五九（昭和三四）年一〇月には、横浜初のターミナルデパートとして、髙島屋を誘致し開店させました。

横浜駅では一九六〇年代より、相模鉄道の乗降客数が急増します。一九七〇年代には、それまで国鉄に次ぐ地位にあった京急を抜き、各社別の乗降客数は国鉄、相鉄、京急、東急の順になります。横浜駅の再開発工事も開始され、一九七三（昭和四八）年一一月、相鉄の横浜駅や髙島屋を含む駅ビルが、「相鉄ジョイナス」の愛称で一部開業します。そして、翌年二月には四面三線のホームが、地上からその二階部分へ移されました。相鉄ジョイナスは一九七八（昭和五三）年五月、全館が完成しました。横浜駅西口は一九七〇年代後半以降、横浜の中心商業地として発展します。

こうして、砂利輸送の神中鉄道に始まる相模鉄道は、横浜市の西・保土ケ谷・旭・瀬谷区、大和市や海老名市などで、増大する通勤通学輸送を担い(9)、また、横浜にターミナル繁華街を生み出すなど、一九七〇年代には完全な都市高速電車に進化をとげます。それは、国鉄となった相模線が、戦後は相模川の砂利の採取が禁止されたこともあり、単線非電化のローカル線のまま長らく残されたのと極めて対照的です。

大手私鉄の相鉄として

戦前の神中鉄道の時代には、終点だった厚木駅より、伊勢原を経て平塚や大山まで路線を延ばす免許を得ていましたが、実現しませんでした。戦後、相模鉄道になると、一九五八（昭和三三）年に二俣川駅から町田市の原町田駅、および磯子区の杉田海岸方面へ支線を分岐させることが計画されましたが、これは中止されました。代わって一九六八（昭和四三）年一二月、二俣川駅から、小田急江ノ島線と長後駅（藤沢市）、国鉄相模線と香川駅（茅ヶ崎市）で交差して、平塚駅に至る新線の敷設免許を取得しました。

そして、一九七六（昭和五一）年四月、そのうち二俣川〜いずみ野駅間が開通します。新線には「いずみ野線」の呼称が付され、在来の横浜〜海老名駅間は「（相鉄）本線」と称されるようになります。いずみ野線の建設は、沿線の開発と一体化して進められました。東急田園都市線を範にしたとされ、相鉄が主体となって沿線地主と組合を設立して、区画整理事業の方式で進められました。一九八〇年代以降、相鉄本線沿線の市街地化がほぼ終了し、宅地開発の主力はいずみ野線の沿線に移り、緑園都市などのニュータウンが整備されます。

いずみ野線は一九九〇（平成二）年四月、いずみ中央駅まで、一九九九（平成一一）年三月には湘南台駅（藤沢市）まで延伸され、長後駅に代えて同駅で小田急電鉄の江ノ島線に接続しました。その先の藤沢市内では、慶応義塾大学の湘南藤沢キャンパス付近を経て、

ＪＲ相模線の倉見駅までの延伸が検討中です。

ところで、冒頭でも触れましたが、相模鉄道は一九九〇（平成二）年、日本民営鉄道協会より大手私鉄（民鉄）として認定されました。一九八一（昭和五六）年四月に一〇両編成の列車が登場するなど、すでに大手私鉄に比して遜色はありませんでしたが、ようやく名実ともにその仲間入りを果たします。

大手私鉄とは当時、首都圏に七社あり（東武、西武、京成、京王、東急、京急、小田急）、全国に一四社が存在しました（名鉄、近鉄、南海、京阪、阪神、阪急、西鉄）。終戦後、戦時中の経済統制が解除され、私鉄各社が分立した一九五〇年代に、労使の賃金交渉の場で「大手私鉄」の概念が生まれたとされます[10]。一四社は戦後、しばらく変化がありませんでしたが、業界団体である日本民営鉄道協会（一九六七年設立）によって、この時初めて一社の追加が認定されました（後に東京地下鉄も加えられます）。

それまで相模鉄道は、大手以外の中小私鉄に含められていました。しかし、中小私鉄の中にも「準大手私鉄」の概念が生まれます。相模鉄道は新京成電鉄や山陽電気鉄道、神戸電鉄などとともに準大手に含められていました[11]。準大手から大手へ初めて昇格したのが相模鉄道です。

一九九〇年代には、セミクロスシート車両の本格的な導入（一九九〇年）や、小田急江ノ島線との乗換駅である大和駅の地下化（一九九三年）などが実現しました。一方、一九九八（平成一〇）年九月には神中鉄道以来の貨物営業が廃止されました。

二一世紀になって建設工事に着手した路線として、いわゆる「神奈川東部方面線」があります。これは西谷駅とJRの横浜羽沢貨物駅の間に相鉄が新線を設けて、相鉄・JRの直通運転を行うのが一つと、二つ目は相鉄がさらに新横浜駅へ至る新線を設け、東急が建設した新横浜～日吉駅間の新線と連結し、相鉄と東急でも直通運転を行うものです。

相鉄・JR直通線は二〇一九（令和元）年一一月に開通し、羽沢横浜国大駅が開業しました。そして、相鉄・東急直通線は、相鉄・東急新横浜線として、二〇二三（令和五）年三月に開通し、相鉄と東急の共同駅の新横浜駅が開業しました。直通運転にあわせて、車両のデザインを一新し、「YOKOHAMA NAVYBLUE」と呼ばれる濃紺色の電車（一二〇〇〇系および二一〇〇〇系）が登場。そして、相鉄の車両が史上初めて、東京都内を走行することになりました。


【註】

(1)一九二七（昭和二）年の横浜市域の拡張によって、橘樹郡保土ヶ谷町、都筑郡西谷村が横浜市に編入されて保土ヶ谷区を構成し、西谷駅以東が横浜市内になりました。一九三〇（昭和五）年一〇月、鶴ヶ峰駅が設置されると、同駅が神中鉄道では横浜市内の最西端の駅になりました。

(2)「列車時刻表 昭和八年一二月改正」神中鉄道株式会社、「客車時刻表 横浜⇅厚木 昭和一二年一一月改正」神中鉄道株式会社などより。

(3)小田原急行鉄道は一九四一（昭和一六）年三月、親会社の鬼怒川水力電気に買収され、小田急電鉄に改組されました。なお、「小田急」の愛称は、一九二九（昭和四）年にレコードが発売された流行歌「東京行進曲」の歌詞にある通り、小田原急行鉄道だった時期より普及していました。

(4)同時に相模国分~厚木駅間の旅客営業を廃止し、厚木駅は貨物駅になります。また、中新田口のホームも廃止されました。なお、小田急の電車は海老名駅には停車しませんでした。それが停車するのは戦時中の一九四三（昭和一八）年四月からで、この時に乗り入れ運転はいったん中止されます。

(5)戦時下では、自治体の整理等による行政の効率化もはかられました。一九三九（昭和一四）年、二俣川村、瀬谷村などが横浜市に編入され、それぞれ保土ヶ谷区（既設）、戸塚区（新設）の一部になりました。また、一九四〇（昭和一五）年に高座郡海老名町が、一九四三（昭和一八）年に同郡大和町が、村を町に格上げして、それぞれ成立しました。

(6)同時期の他の私鉄と同様に、列車の運行の合理化のため、相模鉄道神中線では一九四四（昭和一九）年頃に駅間の調整がはかられ、常磐（盤）園下駅、新川島駅、二俣下川駅、二ツ橋駅の各駅が営業を休止しました。常磐園下駅は戦後、和田町駅として再開されますが、他の三駅は再開されることなく、一九六〇（昭和三五）年八月に正式に廃止されます。

(7)平沼橋~西横浜駅間は開通時（一九三一年）より、国有鉄道から線路を借り受けていましたが、一九五四（昭和二九）年三月に払い下げを受けました。

(8)記念切符の発売は、鉄道資料収集家の長谷川弘和氏の提言により実現したと、同氏の著書『横浜の鉄道物語』ＪＴＢパブリッシング（二〇〇四年）等にあります。

(9)高度成長期の人口の急増を受けて、一九六九（昭和四四）年、保土ケ谷区から旭区、戸塚区から瀬谷区が分立しました。同じく、一九五九（昭和三四）年に高座郡大和町が市制を施行して、大和市が成立し、一九七一（昭和四六）年には高座郡海老名町が市制を施行して、海老名市が成立しました。

(10)『相鉄グループ一〇〇年史』相鉄ホールディングス株式会社（二〇一八年）などより。

(11)前掲に同じ。

第一章　横浜西口～「未開の原野」から「ハマの渋谷」へ

【横浜～平沼橋】

国内屈指の巨大ターミナル

横浜駅は横浜市西区高島二丁目に位置し、ＪＲ東日本と相模鉄道、そして東急電鉄、京急電鉄、横浜市営地下鉄、横浜高速鉄道（みなとみらい線）のあわせて六つの鉄道事業者が乗り入れる巨大ターミナル駅です[1]。乗り入れる鉄道事業者の数は、東京の新宿駅（西武新宿駅を除く）を上回って、日本最多です。

また、各事業者の数字を合計した一日あたりの乗降客数は、二〇一〇年代の数値でおよそ二二〇万人です。新宿駅（約三六〇万人）、渋谷駅（約三二〇万人）、大阪駅（梅田駅を含む。約二八〇万人）、池袋駅（約二四〇万人）に次いで、五番目の地位にあります。しかし、これらの駅の中で横浜駅は、現在地に開業したのが最も遅い駅です。

もちろん、横浜は日本の鉄道発祥の地です。一八七二年一〇月（明治五年九月）、国内最初の鉄道が開通したのは、東京の新橋停車場と横浜停車場との間でした（官設鉄道）。ただし、この横浜停車場とは、現在の桜木町駅と、国鉄時代にそれに隣接して存在した東横浜貨物駅に相当し、現在の横浜駅のことではありません。

そこから線路を西へ延ばし、一八八九（明治二二）年七月、東海道本線（新橋〜神戸駅）が全通します。しかし、日清戦争が始まると軍用の短絡線（平沼線）が設けられ、やがてそれが本線化し横浜駅は東海道本線のルートから外れてしまいます。現在の平沼橋駅の付近に国有鉄道の平沼駅が設けられ、ここに特急・急行等の主要列車が停車しましたが、当時の横浜の市街地から大きく外れ、この駅で乗り降りをする人は少数でした。

そこで、一九一五（大正四）年八月、東海道本線のルートを市街地寄りに湾曲させ、そのルート上で、現在の高島町交差点付近に二代目となる新しい横浜駅が建設されました。横浜駅の歴史はこの二代目の駅から起算されます。しかし、そのすぐ後、関東大震災（一九二三年）によって駅は被災。一九二八（昭和三）年一〇月、東海道本線のルートが再び直線に改められ、現在の位置に駅が移設されて、三代目の横浜駅が誕生したのです。

大震災後の東海道本線のルート改良と横浜駅の移転は、内務省の復興局や横浜市による震災復興事業と連携しながら、国有鉄道を運営する鉄道省が行いました。この大改造工事はちょうど、現在の東急や京急など、大正末期から昭和初期に起きた私鉄の高速郊外電車の建設ラッシュと時期を同じくします。そのため、この三代目の横浜駅には、許認可を与える鉄道省の指導や、横浜市の都市計画との調整などにより、複数の私鉄が構内に乗り入れるかたちになります。現在、日本最多の鉄道事業者数を誇る横浜駅の原点はここにあります。

そして、相鉄の前身である神中鉄道も、当初、電車ではありませんでしたが、この時期に創業を迎えて、横浜駅への乗り入れを果たすのです。

神中鉄道の起点が、東海道本線の保土ヶ谷駅の付近から横浜駅の構内に変更される経緯は、次章で述べますが、関東大震災の直後は、高島町にあった二代目の横浜駅に乗り入れ、ここを起点とすることを検討していました。しかし、鉄道省は横浜駅の移転計画を考慮して、横浜駅（高島町）から横浜市久保町（後の西横浜駅付近）までの区間は保留とし、一九二五（大正一四）年一月、まずは久保町より以西の区間の免許を下します。新しい三代目横浜駅から久保町までの区間の免許が下されたのは、一九二七（昭和二）年一二月になってからです。

神中鉄道の横浜駅開業

横浜駅への乗り入れが認められたこの時点で、すでに神中鉄道は、北程ヶ谷（現・星川）駅から終点の厚木駅までを開通させていました。そして、一九二九（昭和四）年二月、北程ヶ谷〜西横浜駅間を開通させます。次いで西横浜駅から横浜駅方面へは、国有鉄道の貨物用の側線（単線）を借り受けて、東海道本線と密着したルートで線路を延ばします。一九三一（昭和六）年一〇月、平沼橋駅までが開通。平沼橋は、幕末の横浜道（東海道から分岐して横浜の開港場へ向かう道）が帷子川《かたびら》を渡る橋です。

最後に残った横浜駅と平沼橋駅の間は、自力で線路を敷設します。わずか六〇〇メートル（当時）の区間でしたが、帷子川の架橋や一部の水面の埋め立てなどで工事に月日を要しました。横浜駅西口（裏口）への到達がようやく実現したのは、一九三三（昭和八）年一二月です。これによって、震災後に確定した神中鉄道の路線（横浜〜厚木駅）が、非電化で単線ながら、全通したことになります。

開通当日（二七日）の『横浜貿易新報』（現・神奈川新聞）には、「愈々本日横浜駅乗入大山登山・七沢温泉近道開通」(2)と銘打った神中鉄道の広告が大きく掲載されました。ここでは終点の厚木駅からバスを利用して訪れることのできる、大山と七沢温泉という観光地が宣伝されていますが、開通を伝える記事の本文では、主に沿線から通勤等の利便性の向上が強調されています。「けふ神中鉄道横浜駅乗入れ」と題した記事では、「神中鉄道では厚木、瀬谷、二俣川等の住宅地から京浜間に通勤する人々の利便を図るべく予てから平沼橋横浜駅間の線路延長工事を進めてゐたが愈々竣工を遂げ、神中横浜駅も落成を見た」とし、「今まで終点が平沼橋であつた関係上不便を感じてゐた神中鉄道利用者は多大の利益を与へられる」(3)と記しています。

また、開通の翌日（二八日）には神中鉄道横浜駅脇の空地で、鉄道省関係者や神奈川県知事、横浜市長（代理）らを招いて開通の祝典が行われました。それを報じる記事には、「足の動きが一躍倍加　きのふ晴れやかに神中横浜駅へ乗入れる」という見出しを付して次のように報じています。「延びゆく沿線住宅地と京浜への交通利便へ…武相の野を縫ふガソリンカー神中鉄道線の横浜駅＝厚木直通が歓びの中に開通した〔中略〕同社では直通を契機として鶴ヶ峰、二俣下川沿線の住宅地を大いに宣伝するといふ。とにかく同沿線の京浜通勤のサラリーマン、職工諸君には待たれたうれしい開通である」(4)と。

横浜駅に乗り入れることによって、神中鉄道は横浜・東京の（非電化ながら）郊外鉄道としての発展への期待を、大きく高めたことがうかがえます。横浜駅では、国有鉄道（省線）の東海道本線（汽車）・京浜東北線（電車）はもちろん、駅前に停留場を設ける横浜市電・市営バスの他、東京横浜電鉄や京浜電気鉄道、湘南電気鉄道という、先行して乗り入れた私鉄との乗り換えが可能でした。

私鉄の横浜市内乗り入れをめぐって

そもそも大正から昭和初期、四つの鉄道会社（私鉄）が横浜市中心部への進入を企てました。それは神中鉄道の他、京浜電気鉄道と湘南電気鉄道、東京横浜電鉄の四社です。それらの全てが最終的に、移転で新設される現在の横浜駅に集まることになります。神中鉄道の工事が完了したのは最後でしたが、それをもって三代目横浜駅の建設工事が完了したことになります。

京浜電気鉄道と湘南電気鉄道は京浜急行電鉄の前身で、東京横浜電鉄は東京急行電鉄の前身です。横浜進入を前にして、神中鉄道は他社と競合することはありませんでしたが、京浜電気鉄道と東京横浜電鉄の二社が、鉄道省が移転工事を進める横浜駅の付近で交錯することになり、まさに交通整理が必要となりました（図1-1）。

京浜電気鉄道は一九〇五（明治三八）年一二月に品川（現・北品川）～神奈川駅間を全通さ

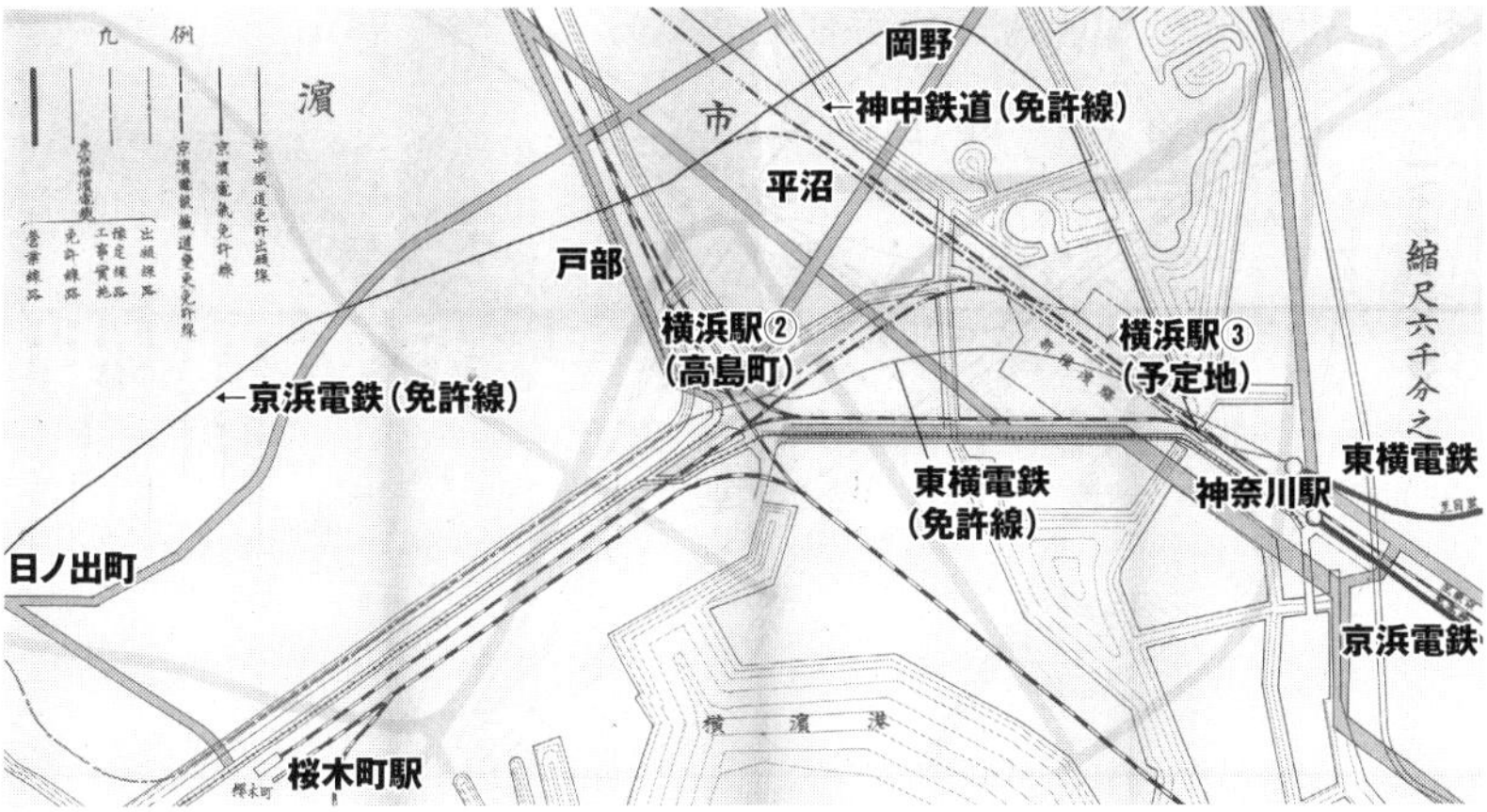

図 1-1　「新横浜駅附近の省及各社の線路図」
『当社ノ神奈川横浜両駅間免許線建設ニ付キ識者ノ厳正ナル批判ヲ仰ク』東京横浜電鉄（1926 年）付図、国立公文書館所蔵、加筆（③は三代目の意。）

せた、都市間（郊外）を走る日本最古級の路面電車、いわゆるインターアーバン（Interurban）です[5]。終点の神奈川駅で、国有鉄道（省線）の京浜線電車や横浜電気鉄道（後に横浜市電）に乗り換えることができました。

しかし、関東大震災の直後に、高速都市間電車への脱皮をはかるべく、神奈川駅から横浜市中心部の長者町まで、延長線の敷設免許を鉄道省に申請し、一九二四（大正一三）年一〇月に取得します。この段階では横浜駅に乗り入れる予定はなく、岡野、平沼、戸部の各地区を経由する計画でした。ところが、国有鉄道（省線）の神奈川駅が、新しい横浜駅の至近となるため、廃止されることになります。そうすると、京浜電気鉄道と省線の乗換え駅が消失してしまうため、一九二六（大正一五）年、延長線の途中ルートを変更し、横浜駅へ乗り入れることにしたのです。

一方、東京横浜電鉄はもともと武蔵電気鉄道という名称で発足しました。一九一七（大正六）年一〇月には渋谷方面から横浜市高島町（二代目横浜駅）までの路線建設の免許を取得していましたが、着工までに歳月を要します。目黒蒲田電鉄の系列下に入り社名を「東京横浜電鉄」に改めた後、一九二六（大正一五）年二月、まず丸子多摩川（現・多摩川）駅から神奈川駅までを開通させました。やはり神奈川駅では省線との連絡をはかりました。

一九二八（昭和三）年一〇月、国有鉄道（省線）の横浜駅は現在地に移されます。東京横浜電鉄は、神奈川駅から高島町までの区間において、横浜駅の移転とそれにともなう東海道本線の線路移設によって、大きく計画の変更を強いられました。それでも移転に先立ち、横浜駅がまだ工事中の一九二八（昭和三）年五月、すみやかに高架線路とホームを竣工させています。

ただし当初は、ホームの設置場所が駅の裏側（西口）になることに、強く反発していました。東海道本線を乗り越えて高島町へ、さらに新たに免許を得た終点の桜木町まで線路を延ばすには、経費のかさむ高架線路を建設しなければならなかったからです[6]。

対照的に京浜電気鉄道は、一九三〇（昭和五）年二月、表側の東口駅舎（本屋）と京浜東北線ホームとの間に割り込み、国有鉄道（省線）に並んで島式ホームを地上に設けることができました。もっとも、相応の負担は鉄道省から課されています。また、京浜東北線の線路工事の完了が一九三〇（昭和五）年一月まで遅れた影響で、京浜電鉄の横浜駅乗り入れも、その翌月まで先延ばしされています。

横浜駅から先では、京浜電気鉄道は旧・平沼駅の跡地付近まで、東海道本線に並行して線路を配置する予定でしたが、横浜駅を出てすぐに、東横電鉄の高架のさらに上を越えなければならなくなり、工事が難しいため、急カーブで南下して桜木町行きの線路（後の根岸線）の下をくぐる、今日見られるルートになりました。

そして、長者橋付近（日ノ出町）で湘南電気鉄道と接続することになります。京浜電気鉄道の横浜～日ノ出町駅間は一九三一（昭和六）年一二月に開通します。ただし、京浜電鉄の軌間が東京や横浜の市電と同じ一三七二ミリであるのに対し、標準軌（一四三五ミリ）で建設されました。この区間には京浜電鉄の車両は走らず、標準軌の湘南電気鉄道(7)の車両が横浜駅まで乗り入れました。やがて京浜電鉄の軌間が標準軌に改められ、一九三三（昭和八）年四月、品川～横浜～日ノ出町～浦賀駅間での京浜電鉄・湘南電鉄の直通運転が開始されます。後の京浜急行電鉄の原型が形成されました。

さて、図1-2は昭和初期の横浜駅の構内と付近での、線路の配置を示しています。当時の大縮尺の地形図に加筆しました。東口の表側（海側）から順に京浜電気鉄道、国有鉄道（省線）の京浜東北線電車、同じく東海道本線の列車（汽車）が地上ホームを並べ、東

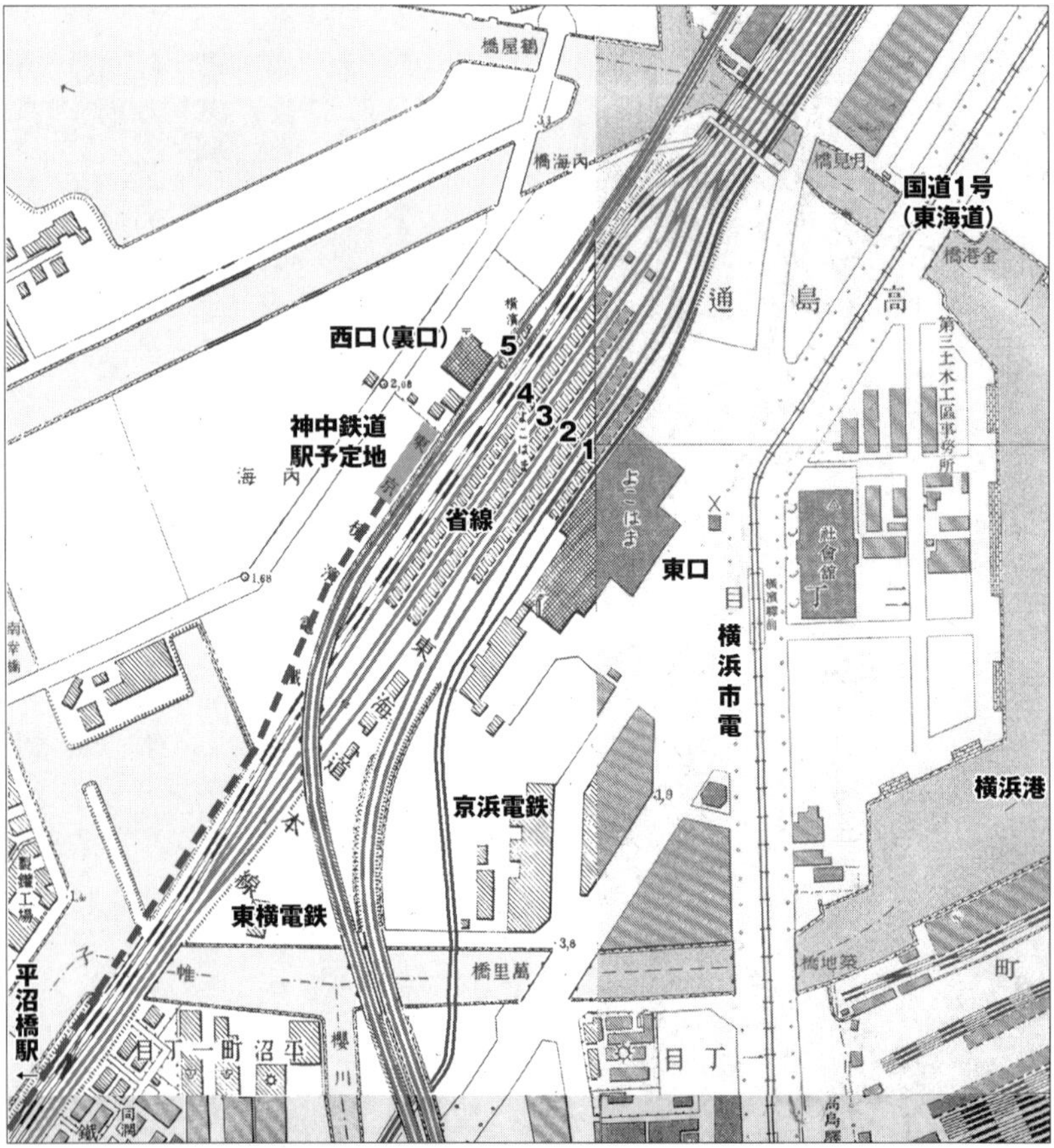

図 1-2　昭和初期の横浜駅構内と付近の配線

基図：横浜市 3000 分 1 地形図「三ツ沢」（1929 年）「神奈川」（1930 年）

京横浜電鉄は西口の裏側に高架ホームを設けました。京浜電鉄も東横電鉄もその利用客は、国鉄の設けた改札・集札口と地下通路を通って電車に乗降しました。

　ただし、神中鉄道はまだ横浜駅まで開通しておらず、この地形図には記されていませんので、そのおよその予定の位置を破線で示しました。単線で開通後、駅裏（西口）の東横電鉄の高架下脇にホームを当初は一本だけ設け、他社とは離れて位置しますが、「六番乗り場」の呼称が与えられます(8)。駅舎は戦後になるまで国有鉄道の西口駅舎を共同で使用し、業務を鉄道省に委託しました。

横浜駅裏の「未開の原野」

横浜駅は、横浜港（高島ふ頭）と国道1号（東海道）に面した表側の東口に、コンクリート造りの駅舎を設け、竣工当時は「東洋一」の「モダン」な駅ともてはやされました。国道1号には市電が走り、駅前には広場が整備され、運輸業者や旅館・ホテル、飲食店などが集まりました。とはいえ、横浜の中心部である関内や伊勢佐木町へ向かう乗り換えの場であり、都市の玄関の役割を担いますが、決してその中心と呼べる場所ではありませんでした。

現代では鉄道の主要駅の構内や周辺に、商業施設が集積し、そこが都市の中心となっていることが一般的です。しかし、もともと鉄道の駅はあくまでも交通の拠点であるに過ぎず、たいてい都市のにぎわいの中心からは外れた場所にありました。

移設されたばかりの昭和初期の横浜駅は、なおさら然りでした。まして裏側にあたる西口は、簡易な乗降口が設けられただけで、一帯に資材置き場や空き地が広がっている状況でした。そもそも横浜駅の敷地やその周辺は、江戸時代まで内湾（入り江）でした。大正時代には、まだ埋立前の海面も多く残っていましたが、工場や倉庫などが立地していました。

その中にライジングサン石油（現・昭和シェル石油）とアメリカのスタンダード石油の巨大な油槽所がありました。これらは関東大震災で大火災をもたらし、忌まわしい記憶から再建されることはありませんでした。しかし、それが好都合となり、主にライジングサン石油の跡地は、横浜駅や東海道本線の移設用地として活用することができたのです。一方、スタンダード石油の跡地は、新しくできた横浜駅のちょうど裏側（西口）に位置し、資材置き場となるか空き地のまま残ります。土地はスタンダード石油が引き続き所有していました。

戦前の横浜駅裏の様子は、新聞記事に報じられています。「草茫々 横浜駅裏の不体裁」と題して、「横浜駅裏の空地は〔中略〕当然横浜の殷賑地の一つに数へらるべき趨勢を背負ひつゝあるにも拘らず十数年に亘つて草茫々と生ひ茂り農村にも見られぬ未開の原野を展開し」[(9)]ていると記され、また、「横浜市の大玄関である横浜駅西口前の七千余坪に亘る大空地は米国スタンダード石油会社の所有地で大正一二年の大震災後空しく雑草繁茂のまゝに放任され」[(10)]ているなどとあります。

それでも太平洋戦争が始まったのをきっかけに、敵国となったアメリカのスタンダード石油から所有地を収用して、横浜駅西口を振興しようとする動きが本格化します。一九四二（昭和一七）年、横浜市神奈川区[11]の南幸町や北幸町、岡野町などの住民によって、「横浜駅西口振興期成同盟会」が結成されました。ビル街や商店街、住宅街、倉庫街などとすることが企図されましたが、戦局の悪化によってか、頓挫したようです[12]。

戦争末期の横浜大空襲（一九四五年五月）では、東口のコンクリート造りの駅舎をはじめ、横浜駅は主な部分が被災を免れましたが、西口の小さな駅舎を焼失しました。その後、簡易な木造の駅舎が設置され、戦後しばらく使用されます。戦争が終わると、駅の周辺は米軍（連合国軍）の接収下となり、やはり西口の空地は資材置き場などに利用されるだけでした。

ようやく転機が訪れるのは、接収が解除される一九五二（昭和二七）年です。スタンダード石油からのその所有地の払い受けに、新制の相模鉄道が成功したのです。その際に横浜市と競合しましたが、土地の区画整理事業に協力することを条件に、相模鉄道が土地を入手しました（図1-3）。

西口の商業開発

神中鉄道の時代より横浜駅の西口にホームを置く相模鉄道が、スタンダード石油の所有地を取得したのは、妥当なことと言えるでしょう。一九四七（昭和二二）年六月に単独の電鉄会社として再出発したばかりでした。東京急行電鉄から迎えた重役の川又貞次郎が社

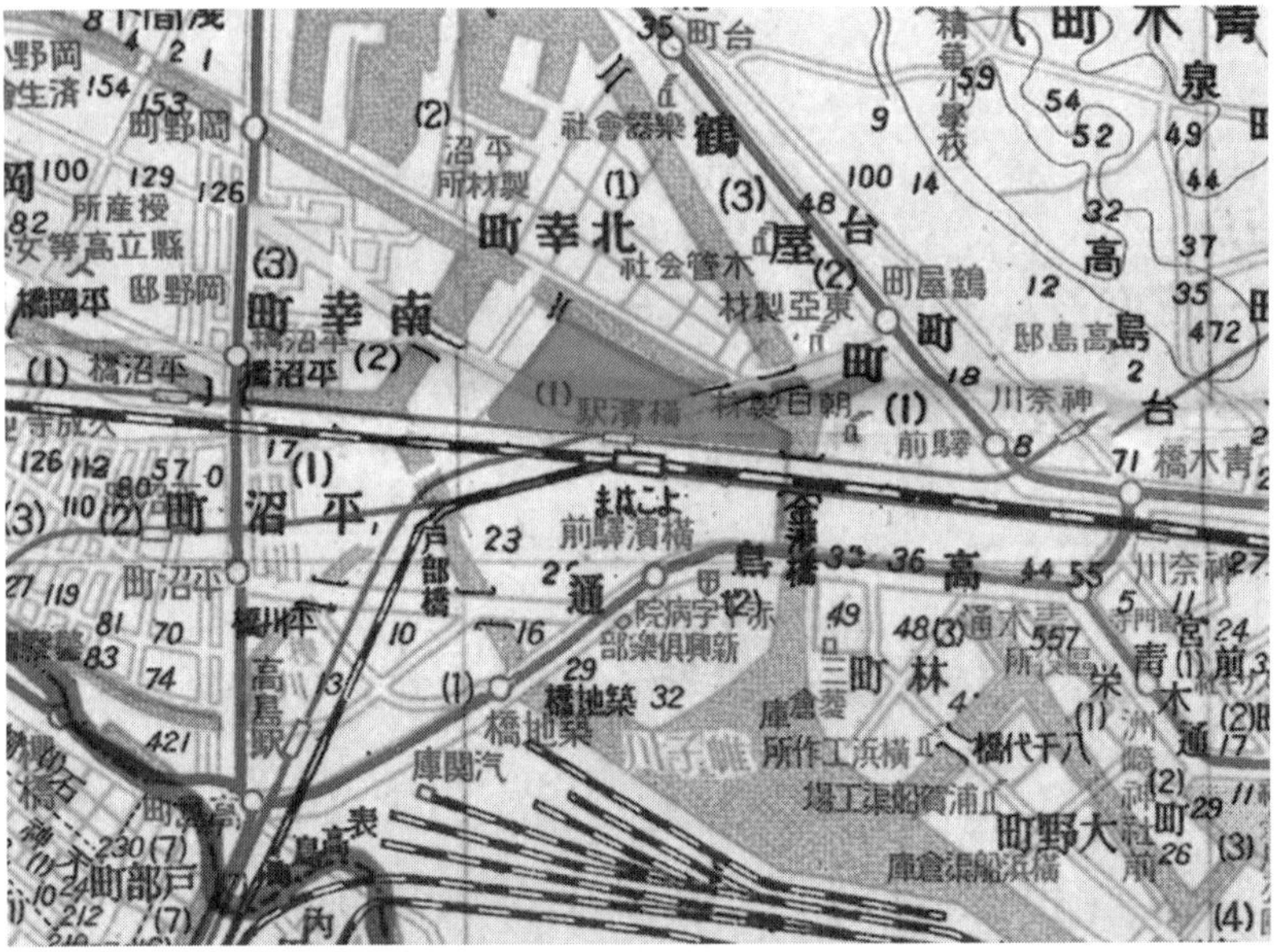

図 1-3　「新大横浜市全図」（部分）
日本地理附図研究所、1937（昭和 12）年、著者所蔵、加筆
＊網掛けの三角形の部分（駅の上側）が、終戦後に相模鉄道がスタンダード石油より払い受ける土地。

長に就任し、川又らはここに繁華街の建設を計画しましたが、まだローカル私鉄にすぎなかった相鉄にとって、それは社運をかけた一大事業でした。

相模鉄道はすでに東京急行電鉄の経営下から離れていましたが、東急の実質的な創業者で、戦後の公職追放を経てその会長に復帰する五島慶太も、横浜駅西口の将来性に着目したようです[13]。五島は接収解除前の一九五一（昭和二六）年、現地を視察し、相模鉄道の株式の買収に動きました。それは、分立から年数がまだ浅く、彼の影響下にあった小田急電鉄を介してのもので、小田急が相鉄を吸収する目論見でした。しかし、相模鉄道は何とかこれを阻止しました。

相鉄が譲受した土地を含む南幸・北幸町から岡野町にかけての地区では、まず一九五二（昭和二七）年、区画整理事業が横浜市の主導で開始されます。この岡野地区区画整理事業による換地にともない、地主である相模鉄道も一部の所有地を供出し、駅前広場と駅から伸びる街路（都市計画道路）が整備されます。

その後、相鉄は一九五六（昭和三一）年四月に新駅舎と、「横浜駅名品街」と称するアーケード商店街および高島屋ストアをオープンさせました。名品街には、東京駅の八重洲口に開業した東京駅名店街（一九五三年開業）を見本にし、文明堂（カステラ）や山本山（お茶）などの有名店を誘致しました。そして翌年九月には、飲食店と映画館・遊戯場などの入る相鉄文化会館を完成させます。この計画的につくられた人工繁華街は、「横浜センター」と名付けられました。

西口の集客力を不安視する声も社内にあったようですが[14]、相鉄では並行して一九五〇年代に、線路の複線化や沿線開発を進め、高速郊外電車としての体裁を整えていました。また、相鉄だけでなく、横浜駅には京浜東北線や横須賀線、東海道本線（湘南電車）の国電、東急や京急の私鉄の郊外電車が集まっていました。さらに駅前は市内各区へ向かうバス路線の拠点です。汽車の旅行客が主だった戦前と異なり、多くの通勤通学客が日々行き来するという絶好の条件を活かして、横浜センターはすぐに集客に成功します[15][16]。

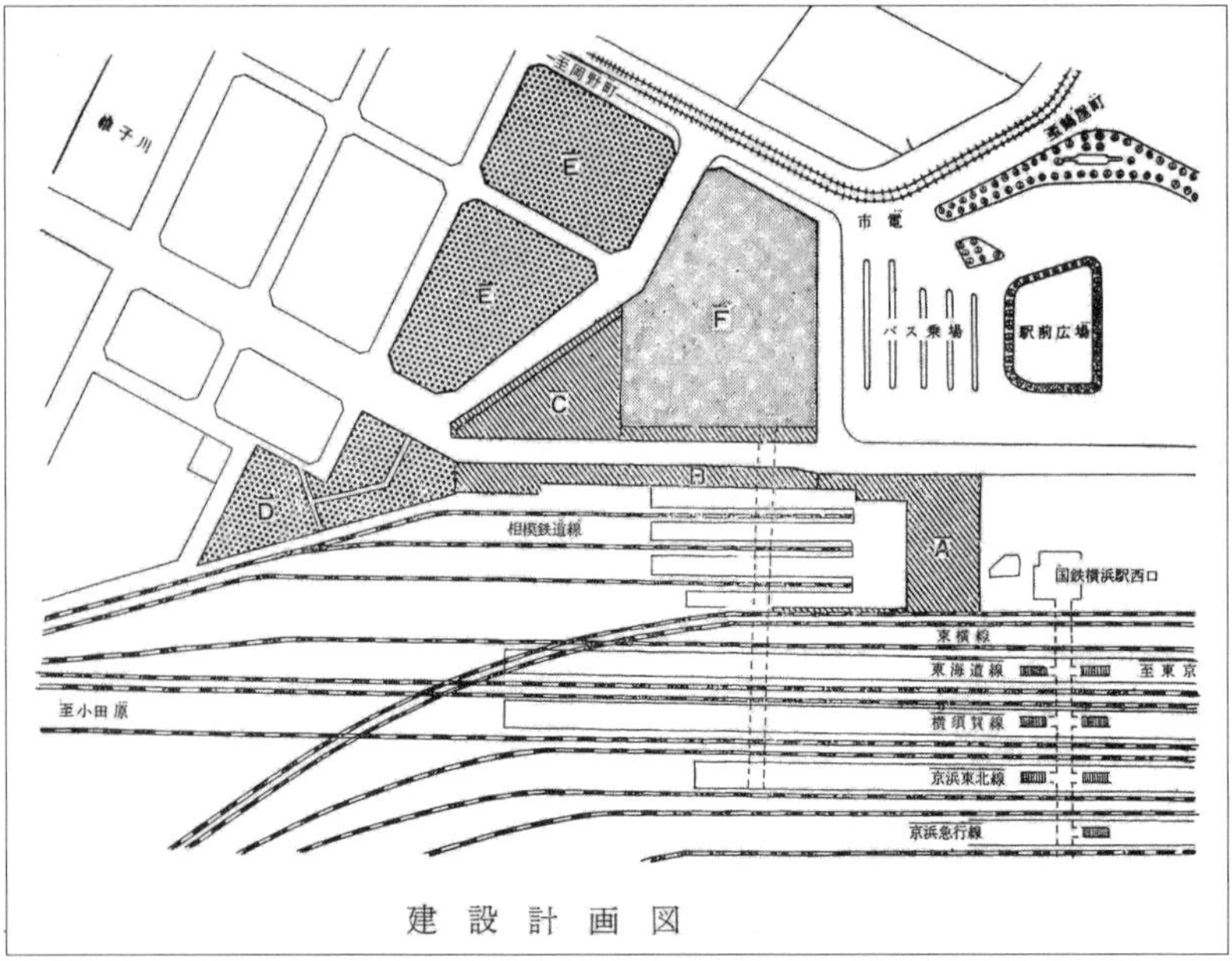

図 1-4　横浜センターの建設計画図

『相鉄不動産七年史』相鉄不動産株式会社（1962 年）挿図

＊ A は相模鉄道横浜駅、B はアーケード商店街、C は劇場ビル、D は中華料理店街、E は大映画館・大店舗飲食店街、F は百貨店とある。B は横浜名品街、E の一部は相鉄文化会館、F は横浜髙島屋として開業する。

図1-4は横浜センターの建設計画図です。この図にあるように、さらに百貨店の建設も計画されていました。相鉄では直営の百貨店の設置を検討し、また、東京の三越に出店を打診するなどしましたが、最終的にターミナル百貨店の経営に実績のある関西の髙島屋の誘致を決めます。ただし、髙島屋も、駅裏の「未開の原野」にいきなり出店するリスクを避けます。そこでまず試験的に設けた簡易なマーケットが、髙島屋ストアだったのです。

そして、伊勢佐木町や元町

などの、横浜の老舗商店街との調整を経ながら、西口の商業開発が軌道に乗った一九五九（昭和三四）年一〇月、髙島屋ストアに代わって、横浜髙島屋がオープンします。当時、横浜で最大規模のデパートであり、初のターミナル百貨店の誕生でした。なお、正確にはその建物は相鉄会館であり、髙島屋がテナントとして入居しています。相鉄会館の竣工前は、その敷地の一部にローラースケート場が開かれていました。その後、横浜センターはますます盛況を極め、一九六一（昭和三六）年一〇月には相鉄文化会館と横浜髙島屋（相鉄会館）とを空中で結ぶ「スカイブリッジ」が設置されました。

さて、序章で述べた通り、一九六〇年代、相鉄の沿線人口は大きく増加し、線路の複線化や電車の長編成化、優等列車の運行が進められました。その一方、沿線から西口の繁華街への買い物客を誘致するための、ユニークなサービス電車も登場しています。一九六〇（昭和三五）年一一月、横浜〜海老名駅間で急行運転を開始したこの電車は、「おかいもの電車」と呼ばれ、横浜〜二俣川駅間は無停車、以西は各駅に停車しました。一日一往復の運転で、午前一〇時三〇分に横浜駅に到着し、午後三時三〇分に横浜駅を出発しました。

変わる横浜の商業地図

相鉄の横浜センターの建設に続いて、簡易な木造の建物のままだった国鉄の西口駅舎が一九六二（昭和三七）年一一月、いわゆる民衆駅[17]方式で横浜ステーションビル（後のシァル）として建て替えられ、小売店や飲食店の入る商業ビルとなりました[18]。当時のチラシや雑誌には、「横浜センターのかなめ」[19]とも「花の駅ビル」[20]ともうたわれていました。その翌々年一二月には、横浜で最初の地下街であるダイヤモンド地下街（現在は相鉄ジョイナスの一部）が駅前広場の下に完成します。

ステーションビルと地下街のいずれも、相模鉄道を筆頭に複数の企業の共同出資によるものでした。前者は相鉄と鉄道弘済会、崎陽軒、東京急行電鉄の出資する株式会社横浜ステーションビルが、後者は相鉄と東京急行電鉄、鉄道弘済会、横浜髙島屋などが出資する横浜地下街株式会社が運営しました。

また、南幸町（現・南幸）から道路をはさんだ北幸町（現・北幸）には、オフィスビルの相鉄ビルが一九六一（昭和三六）年に建設されたのをはじめ、銀行や多くの事務所が立地し、金融・保険業を中心にビジネス街としての機能も横浜駅西口に整えられていきました。

その後、相鉄以外の資本による繁華街の拡張も、大きく進んでいきます。川崎を創業の地とする岡田屋（現・横浜岡田屋モアーズ）と、かつて出店を見合わせた三越の両百貨店が、順に一九六八（昭和四三）年と一九七三（昭和四八）年、西口広場に面して出店するなどしました。そして、相鉄文化会館の西側は、南幸（町）一丁目の五番地にあたることから、「西口五番街」と称して、一九六〇年代より主に飲食店や娯楽サービス店の入る雑

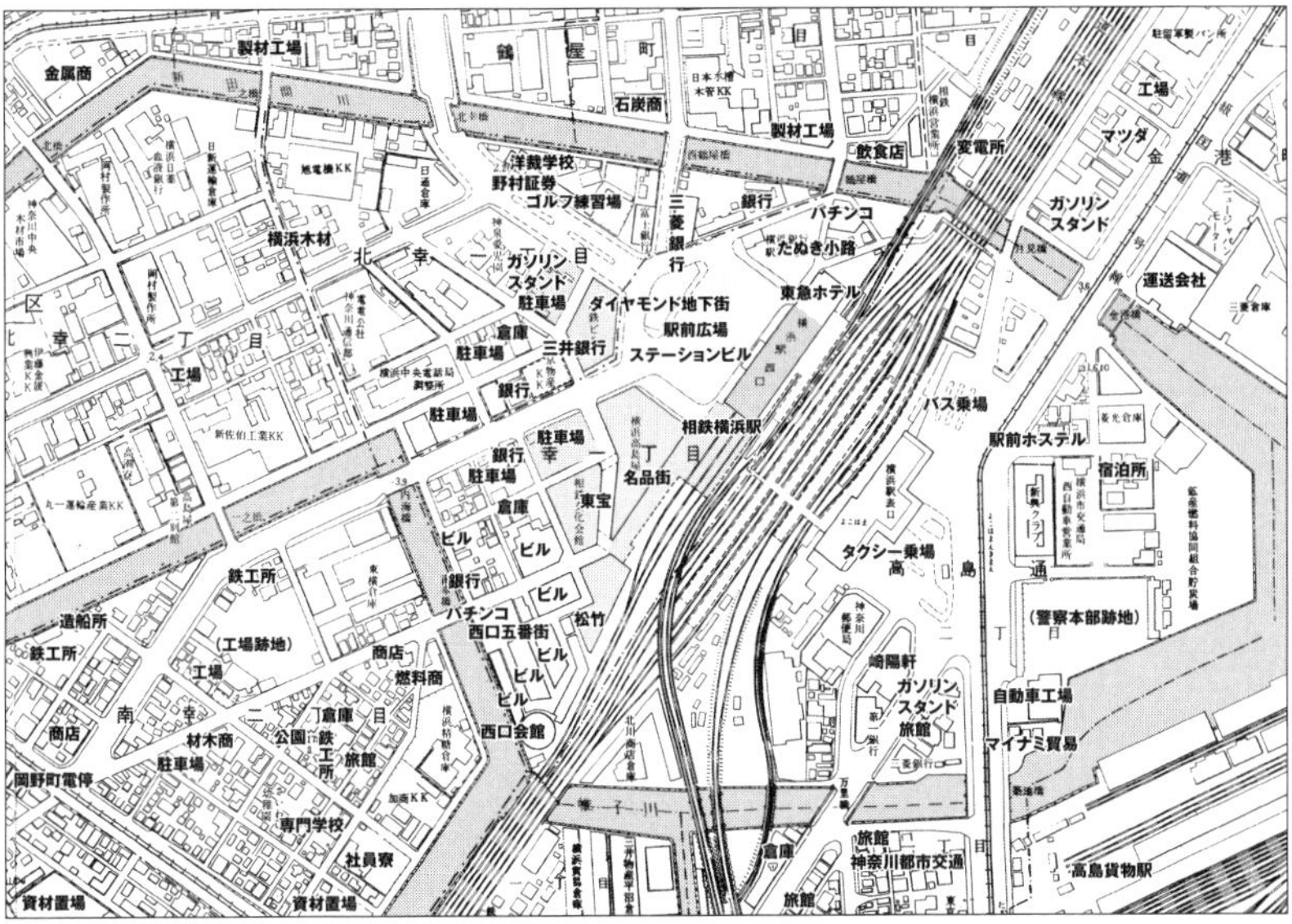

図1-5　1965（昭和40）年頃の横浜駅周辺
基図：横浜市3000分1地形図「三ツ沢」（1963年）「神奈川」（1965年）

居ビルが集まっていました。とりわけ「西口会館」と呼ばれた円形のビルが特徴的でした。図1-5は一九六五（昭和四〇）年頃の横浜駅周辺の様子です。

五番街から、運河（新田間川）にかかる南幸橋を渡った南幸（町）二丁目は、もともと工場や倉庫が多く立地していました。しかし、一九七〇年代になると、それらが大型商業施設に変わり、周囲の住宅も小売店や飲食店に変わっていきます。スーパーマーケットのダイエーは一九七二（昭和四七）年、日本住宅公団の市街地住宅の低層階に出店し、ニチイ（現・横浜ビブレ）は一九七八（昭和五三）年、東横倉庫の跡地に開店しました。周辺の鶴屋町などに専門学校も多く立地し、やがて渋谷のセンター街や大阪・ミナミのアメリカ村に似た光景の、若者の集まる街に変容していきます。

一方、パイオニアである相鉄も、駅の改造を含めた商業施設のリニューアルをはかります。名品街と文化会館を撤去して一九七三（昭和四八）年一一月、新しく巨大商業ビルの「相鉄ジョイナス」（新相鉄ビル）をオープンし、高島屋百貨店は大幅に拡張されました。相模鉄道の駅舎はその二年前の八月、位置が平沼橋駅寄りに約三〇〇メートル後退し、一九七四（昭和四九）年二月、三線四面のくし形の高架ホームが完成しました。一九七八（昭和五三）年五月には相鉄ジョイナスの全館がオープンします。

また、横浜市電（路面電車）の全廃（一九七二年三月）から四年後、一九七六（昭和五一）年九月に市営地下鉄が横浜駅まで延伸します。そのホームは西口のジョイナス脇に設けられました。

なお、相鉄ジョイナスの建設に先立ち、名品街と文化会館に複数存在した映画館が集約されて、一九七一（昭和四六）年三月に映画館ビルの相鉄ムービルが竣工します。一九七〇年代は旧来の映画館が健在で、東宝系、松竹系、東映系など五つの映画館が入りました。最初の相鉄ムービルは相鉄ビルの北側に位置しましたが、一九八八（昭和六三）年一一月、南幸橋の脇の現在地に移転されています(21)。

こうして横浜駅の一日あたりの乗客数は、国鉄・私鉄・地下鉄の合計で一九七九（昭和五四）年には八〇万人を上回り、私鉄の乗客数の内訳は、一九六〇年代前半まで京急、東

年度	日本国有鉄道	京浜急行電鉄	東京急行電鉄	相模鉄道
1956（昭和 31）	59,902	45,587	31,658	10,311
1957（昭和 32）	69,638	51,009	37,441	12,885
1958（昭和 33）	76,326	57,640	43,622	14,472
1959（昭和 34）	90,555	60,111	48,163	16,919
1960（昭和 35）	103,133	67,218	54,917	19,605
1961（昭和 36）	115,278	76,085	62,706	22,754
1962（昭和 37）	118,501	85,420	70,980	25,048
1963（昭和 38）	114,421	93,039	74,586	76,127
1964（昭和 39）	122,614	99,448	80,349	85,115
1965（昭和 40）	130,174	105,198	84,222	94,393
1966（昭和 41）	135,875	108,620	86,689	101,745
1967（昭和 42）	144,167	113,972	91,141	107,944
1968（昭和 43）	157,216	120,922	96,669	114,831
1969（昭和 44）	153,986	127,817	103,423	128,160
1970（昭和 45）	168,757	133,902	107,403	139,127
1971（昭和 46）	232,082	128,971	105,108	144,071
1972（昭和 47）	238,552	136,272	106,972	147,712
1973（昭和 48）	247,904	139,796	110,547	154,047
1974（昭和 49）	268,838	143,187	113,237	163,990
1975（昭和 50）	294,321	142,451	112,444	165,479

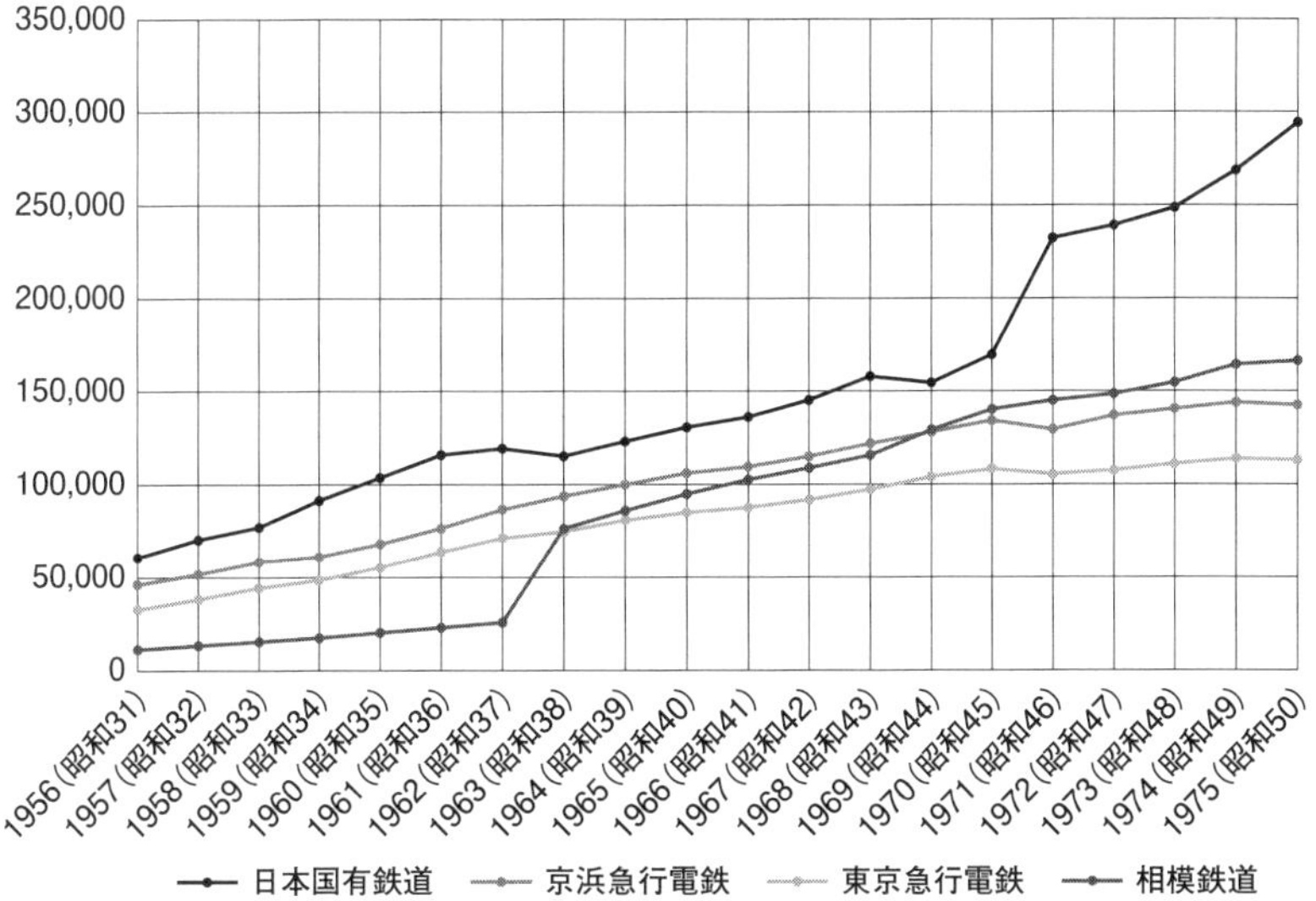

図 1-6　横浜駅の乗客数の推移（各社別）

資料：『横浜市統計』、単位：人

急、相鉄の順でしたが、一九六九（昭和四四）年、相鉄が京急を抜き、各社別の乗客数は国鉄、相鉄、京急、東急の順となります。一九七〇年代以降は相鉄が私鉄の首位を維持します（図1-6）。

そして、この時期をおよその区切りとして、横浜の商業地図にも変化が現れます。例えば、買回り品（高級品）などの購買移動を見ると、それまでは、市電の走る旧市街地からは伊勢佐木町へ、国鉄や私鉄沿線の郊外からは横浜駅西口へ、という二分化が成立していました。しかし、一九七〇年代半ばを過ぎ昭和五〇年代に入ると、いずれの地区からも西口への集中が圧倒的に顕著になっていくのです[22]。

作家の五木寛之は雑誌の対談の中で、そうした横浜西口について、「横浜髙島屋があって、相鉄ジョイナスというのができて、三越があって、地下がダイヤモンド街というんですが、この辺の活気というのは恐るべきもんですよ。これはもう旺盛な食欲と人間の渦がワーッと音を立てて渦巻いてるような活気があるんです」[23]と語っています。

そして、「横浜そのものが、たとえば伊勢佐木町とか、元町とか、あるいは中華街とか、そういうもの自体から、横浜の中での勢力の交代というか…。〔中略〕横浜の西口広場、あるいは西口の商店街とか地下街なんていうのは〔中略〕横浜のガイドブックなんかにも載らない。だけど、生きているという実感覚はものすごいもんです」[24]と、やはり横浜の商業地図の変化を感覚的に指摘しています。

幻の東京オリンピックと駅前開発計画

さて、相鉄の商業開発からは離れますが、横浜駅東口についてもここで見ておきます。
相模鉄道株式会社は一九六一（昭和三六）年一二月に本社を、横浜駅西口に完成した相鉄ビル（西区北幸）に移しますが、それまでは一九四四（昭和一九）年七月以来、東口駅前の西区高島通（現・高島）にあった新興ビル（新興倶楽部）に入っていました。ゆえに、決して東口と無縁ではありません。

新興ビルは、前身が「横浜社会館」と称する、労働者向けの神奈川県の福祉施設の建物で、大正時代から国道に面して建っていました。それが昭和初期、横浜駅（三代目）が目前に開業したのにあわせ、「新興倶楽部」と称する、独身サラリーマン向けのモダンなアパートにリニューアルされました。そして戦後は、事務所ビルとして使用されます。

そもそも横浜駅（三代目）は、一九三〇年代前半に国有鉄道（省線）と私鉄の集中するターミナルとなりましたが、表側といえども、東口の駅前一帯には、東海道本線の旧ルートの線路跡と、二代目横浜駅の跡地が空地のまま広がっていました。一九三六（昭和一一）年、オリンピックと万国博覧会が四年後の一九四〇（昭和一五）年に東京で同時開催されることが決定し、横浜が会場に加えられると、それを契機にこの空地を開発し、繁華街を建設しようとする機運が盛り上がりました。

『横浜貿易新報』は、「淋しい横浜駅前に大ホテル建造案　京浜の民間有力者が計画　ハマ市も実現に力瘤」と題して、「荒れ果てた『日本一の淋しい駅』横浜駅頭開発の先駆をなすものとしてオリムピックを目標に大ホテル建設が〈中略〉東京、横浜の民間有力者に依つて計画され」、「此のホテル計画に並行して東横電鉄でも横浜駅頭に郊外居住者を目当にデパート計画もあり横浜駅頭開発は愈々本格的に進行する」[25]だろうと報じています。

翌一九三七（昭和一二）年、横浜市は鉄道省に駅跡地の払い下げを働きかけました。同紙二月一三日付によると、「大横浜の玄関に相応しい様なデパート、ホテル旅館からハマ特有の土産物店其他の一般商店をズラリと建並べ横浜駅を中心とした一大繁華街」「六大都市に相応しい駅前繁華街の出現」[26]を期待していたことがわかります。

そして、一九三八（昭和一三）年七月頃、鉄道省から駅跡地が、横浜市の後押しで東京横浜電鉄に譲渡されたようです。東京横浜電鉄は同年一一月に「横浜駅前分譲地」と称して、約四六〇〇坪（一五〇〇〇平方メートル）の土地の分譲販売を開始しています。そのチラシには「京浜、湘南、神中、バス、省線、市電と吾が東横等の各交通機関が縦横に通じ、幅員二十五米突の京浜国道に沿った至便の土地」とうたわれ、商店、事務所、アパート、学校などに最適であると宣伝しています。

しかし、戦争の激化により、すでにこの年の七月にはオリンピックの返上と万国博の中止が決定していました。それによって繁華街の建設は頓挫したのでしょうか、東京横浜電鉄が自社でデパートやホテルを建設しようとした形跡は見当たりません。

それでも、同紙の一九三九（昭和一四）年の記事には、「横浜駅前の開発愈々近日中に着手」[27]との見出しがあり、横浜市では東横分譲地以外の、駅前の市有地の開発を企画していたことがわかります。分譲地の様子は次のように記されています。「新築落成した建物としては〔中略〕一貫堂療院が破風造りの優雅な建物としてデビューし電気機械器具商の興成社、鉄道貨物取扱の株式会社田中源太郎商店、堂々たる大建築の日産自動車販売株式会社横浜出張所、同サービス工場、土木建築機械礦山器具合資会社若井商会、東洋航路辻本運輸部」[28]と。一方、「材料不足の為め建築に着手する事を得ず空地へ木標のみを立てゝ居る〔中略〕高橋商店外数ヶ所あり」[29]ともあります。

戦前の横浜駅前の開発計画について、『横浜貿易新報』の記事はこれが最後です。他に詳しい資料は見当たらず、その後の変遷も不明です。戦後、横浜駅前（東口）の高島通は、一九五〇年代には空地が消え、ホテル、商店、事務所、工場、倉庫などが混在する市街地になっています。ここに果たして計画当初の意図がどれだけ反映されたのか、定かではありません[30]。

いずれにせよ、横浜駅東口の商業開発と繁華街化は、西口に比べて大きく遅れ、一九八〇年代を待つことになります。

首都圏有数の繁華街・横浜駅

そして、一九八〇年代以降、東口でも商業開発が進みます。東口は戦前より巨大な駅舎を構え、汽車の旅行客に対し、横浜という都市の玄関としての役割を果たしてきました。しかし、東海道新幹線の新横浜駅にその役割を譲ると、西口に比べて商業化の遅れが目立つようになります。その再開発は一九六〇年代より議論の対象となりますが、一九六八（昭和四三）年、警察本部跡地にスカイビルが完成するにとどまりました。

それでも、一九八〇（昭和五五）年、一〇月に横須賀線の新ホーム（九、一〇番線）が横浜駅に設置されると、一一月には約半世紀にわたって使用された駅舎が、商業ビルの「ルミネ」を核とするターミナルビルに建て替えられました。日本国有鉄道は本来、駅や沿線でのビジネスを許されていませんでしたが、規制が緩められて関連会社のルミネが設立され、駅ビルでの商業活動が展開されることになったのです。それと同時に、駅前広場から国道1号の地下に地下街の「横浜ポルタ」が開業しました。

一九八一（昭和五六）年一一月には、改札口に阻まれて西口と東口の間で行き来ができなかった駅構内に、それが可能な三六メートル幅の自由通路が整備されます。そして、一九八五（昭和六〇）年九月、出島地区と呼ばれる、新興ビルや市営バスの車庫などの跡地に、横浜新都市ビルが竣工。ここにキーテナントとして、日本最大級の規模の百貨店、横浜そごうがオープンします。新都市ビルの地上構内には東口バスターミナルが設けられました。

こうして現在、西口と東口を合わせた、横浜駅周辺地区（西区南幸一・二丁目、同北幸一・二丁目、同高島二丁目、神奈川区鶴屋町、同金港町など）は、小売業の従業者が約一万人を数えます。横浜市や神奈川県東部の中心核となる商店街・繁華街であり、その規模は、東京の新宿駅周辺と比べるとその半分程度ですが、銀座地区や渋谷駅周辺とは互角です。

西口に東口を加えた横浜駅周辺は、かつて「ハマの銀座」と呼ばれた伊勢佐木町に代わる中心商店街となり、「ハマの新宿」とも「ハマの渋谷」とも呼べる、首都圏有数の規模の繁華街に発展しました。相模鉄道の手がけた横浜駅西口の開発は、横浜という都市の構造を変えてしまうほどの、大成功だったと言えるでしょう。

【註】

(1) 相模鉄道の横浜駅の所在地は西区南幸一丁目。

(2) 『横浜貿易新報』一九三三（昭和八）年一二月二七日付より。

(3) 前掲に同じ。

(4) 『横浜貿易新報』一九三三（昭和八）年一二月二九日付より。

(5) 法令上は、狭義の鉄道ではなく、軌道に相当します。よって、その乗降用の施設は、本来は「〇〇停留場」と表記すべきですが、本書では簡略に全て「〇〇駅」と表記します。

(6)当時、実質的なトップにあった五島慶太の下、東京横浜電鉄は『当社ノ神奈川横浜両駅間免許線建設ニ付キ識者ノ厳正ナル批判ヲ仰ク』（一九二六年）という冊子を発行し、鉄道省への抗議と要望をまとめています。一九三二（昭和七）年三月、東京横浜電鉄は渋谷～横浜～桜木町駅間を全通させます。

(7)湘南電気鉄道は一九三〇（昭和五）年四月、暫定的な起点である黄金町駅から浦賀駅までと、途中の金沢八景駅から湘南逗子駅（後の新逗子駅）までの路線を開通させました。同じ安田財閥の傘下にあったため、京浜電気鉄道と深い関係にありました。

(8)「〇番線」などの呼称とは異なり、この場合の「〇番乗り場」は、ホーム一本を指しています。当時の横浜駅では、一番乗り場（現・一、二番線）は京浜電気鉄道、二番乗り場（現・三、四番線）は京浜東北線、三番乗り場（現・五、六番線）は東海道本線下り、四番乗り場（現・七、八番線）は東海道本線上り、五番乗り場（現在廃止）は東京横浜電鉄に、それぞれ割り当てられていました。

(9)『横浜貿易新報』一九三九（昭和一四）年一一月二〇日付より。

(10)『神奈川県新聞』一九四一（昭和一六）年一〇月二四日付より。

(11)二代目と三代目の横浜駅の所在した高島町（後に高島通）や、西口の南幸町と北幸町は、横浜市神奈川区に含まれていましたが、一九四三（昭和一八）年一二月にいったん中区に移管された後、一九四四（昭和一九）年四月、中区から西区が分離し、西区に所属することになります。横浜市西区の領域は、戸部警察署の管轄範囲に対応して設定されましたが、ちょうど横浜駅とその周辺を包含する行政区となりました。

(12)『神奈川県新聞』一九四二（昭和一七）年一月六日付より。

⒀『横浜市史Ⅱ第二巻（下）』横浜市（二〇〇〇年）、二九一頁より。

⒁岡幸男『横浜西口開発物語』イーグレープ（二〇〇七年）より。岡幸男は元・相模鉄道副社長。

⒂横浜駅西口発展のきっかけの一つとして、一九五五（昭和三〇）年に開催された第一〇回国民体育大会を上げることもできます。横浜駅の西約一・五キロにある三ツ沢公園（横浜市神奈川区）が主要な会場となり、駅前広場や道路の整備が進展することになりました。

⒃『名品街のあゆみ』横浜駅名品会（一九六六年）によると、一九五七（昭和三二）年には、「横浜駅名品街音頭」という私家版のレコードも制作されていたようです。以下は二番の歌詞です。「汽車を待つ間に西口抜けて　あの娘と買物名品街へ　粋でモダンな人工街は　ハマで自慢の新名所」

⒄戦前の鉄道省の運営する国有鉄道（省線）においては、簡易な飲食店や売店を除き、駅構内で民間企業が商業活動を行うことは許されませんでした。敗戦後、戦災からの復興において、日本国有鉄道は新しい駅舎（駅ビル）を建設するにあたり、地元の民間企業との共同出資を行い、見返りとしてその企業に、駅舎構内でのテナントとしての営業を認めるという方式を採用しました。こうして完成した駅舎は当時、「民衆駅」と呼ばれました。

⒅西口駅舎はさらに二〇二〇（令和二）年六月には、ＪＲ横浜タワーとして建て替えられました。

⒆『横浜センターのかなめ 横浜ステーションビル』（一九六一年頃）より。

⒇『旅』一九六三（昭和三八）年一一月号の「夜の地方都市めぐり一〇 横浜市」という記事には、「この西口はこの数年間急激に発展した。『花の駅ビル』にはボーリング場もある」と紹介されています。

(21)相鉄ビルや初代の相鉄ムービルの跡地は現在、横浜ベイシェラトンホテル&タワーズの敷地になっています。
(22)『消費性向調査書』神奈川県商工指導所（一九六七〜一九七三年）、『消費購買行動調査書』神奈川県商工指導センター（一九七四〜一九八三年）より。
(23)「紀行対談七〈横浜篇〉ミナト町の運命」『現代』一九七五（昭和五〇）年七月号より。
(24)前掲に同じ。
(25)『横浜貿易新報』一九三六（昭和一一）年一二月九日付より。
(26)『横浜貿易新報』一九三七（昭和一二）年二月一三日付より。
(27)『横浜貿易新報』一九三九（昭和一四）年七月一五日付より。
(28)『横浜貿易新報』一九三九（昭和一四）年一二月二二日付より。
(29)前掲に同じ。
(30)近年、旧・東横電鉄の分譲地の辺り（主に西区高島二丁目の帷子川以南）は、本来は駅前の表側でありながら、「ウラ横」と呼ばれる、路地裏風の景観が人気の飲食店街になっています。

第二章　それは保土ヶ谷から始まるはずだった…

【平沼橋〜西横浜、保土ヶ谷】

保土ヶ谷の宿場と停車場

帷子《かたびら》川の支流である今井川の河谷に「ホドガヤ」の地名が生まれ、江戸時代、この河谷に沿って通る東海道に、L字型の保土ヶ谷宿が形成されました。宿場は西から保土ヶ谷、岩間、神戸《ごうど》、帷子の四つの町が入り組んで構成されていました。

明治時代初期の近代地方制度の黎明期、郡区町村編成法（一八七八年）の施行された時期には、かつての宿場を構成したこれら四つの町を総称して、「保土ヶ谷駅」の呼称が用いられました。例えば、神奈川県武蔵国橘樹《たちばな》郡保土ヶ谷駅神戸町(1)というように場所を表記しました。品川駅や川崎駅、戸塚駅などといった場合も同様で、この「駅」とは、かつての宿場町に用いた地域単位であり、鉄道の駅のことではありません。鉄道車両に乗降するための施設を指す用語としては、停車場やステーションが用いられていました。

一八八七（明治二〇）年七月、後に東海道本線となる官設鉄道が、横浜停車場から国府津停車場まで部分開通します。その線路は、L字型の旧・保土ヶ谷宿の折れ目付近にて、東海道と踏切で交差し、踏切の約三〇〇メートル北東に停車場（ステーション）が設けられました。保土ヶ谷駅に設けられたこの停車場は、程ヶ谷停車場と名付けられます。

なお、「保土ヶ谷」と「程ヶ谷」の表記は江戸時代から混在していて、地誌や絵地図などの各地に出回る出版物には後者が多く用いられていました。そのため官設鉄道の停車場の名称には、全国的に知名度の高い「程ヶ谷」が採用されたのでしょう。

そして、それから間もなく、今日につながる市制・町村制が制定されると（一八八九年）、保土ヶ谷の宿場周辺には、保土ヶ谷、岩間、神戸、帷子の四つの町などを大字として、保土ヶ谷町が自治体として成立します。以後、例えば、神奈川県橘樹郡保土ヶ谷町大字帷子というように住所を表記するようになりました。なお、保土ヶ谷町の属した橘樹郡は、現在の横浜市神奈川区や鶴見区、川崎市にかけて広がっていて、神奈川町に郡役所を置きました。

府県や郡、市・町・村の近代的な地方制度が確立されると、地域単位としての「駅」は消滅します。以後、「駅」は専ら鉄道の施設を指す用語に転じます。「○○停車場」の呼称も長らく残りますが、「○○駅」と呼ぶのが一般的になっていきました(2)。

ともあれ、こうして神奈川県橘樹郡の保土ヶ谷町岩間（上岩間）に、東海道本線の程ヶ谷駅が立地することになりました。

保土ヶ谷駅の移設計画と神中鉄道のルート

相模鉄道の前身である神中鉄道は、神中軌道として設立された段階では、東海道本線の程ヶ谷駅の付近を起点とすることを予定していました。正確には、市町の境界が入り組んでいて、横浜市との境界を越えてすぐの位置（当時の横浜市久保町）です。程ヶ谷駅では国有鉄道の旅客線と貨物線に連絡することが可能でした。そして、神中軌道の本社は橘樹

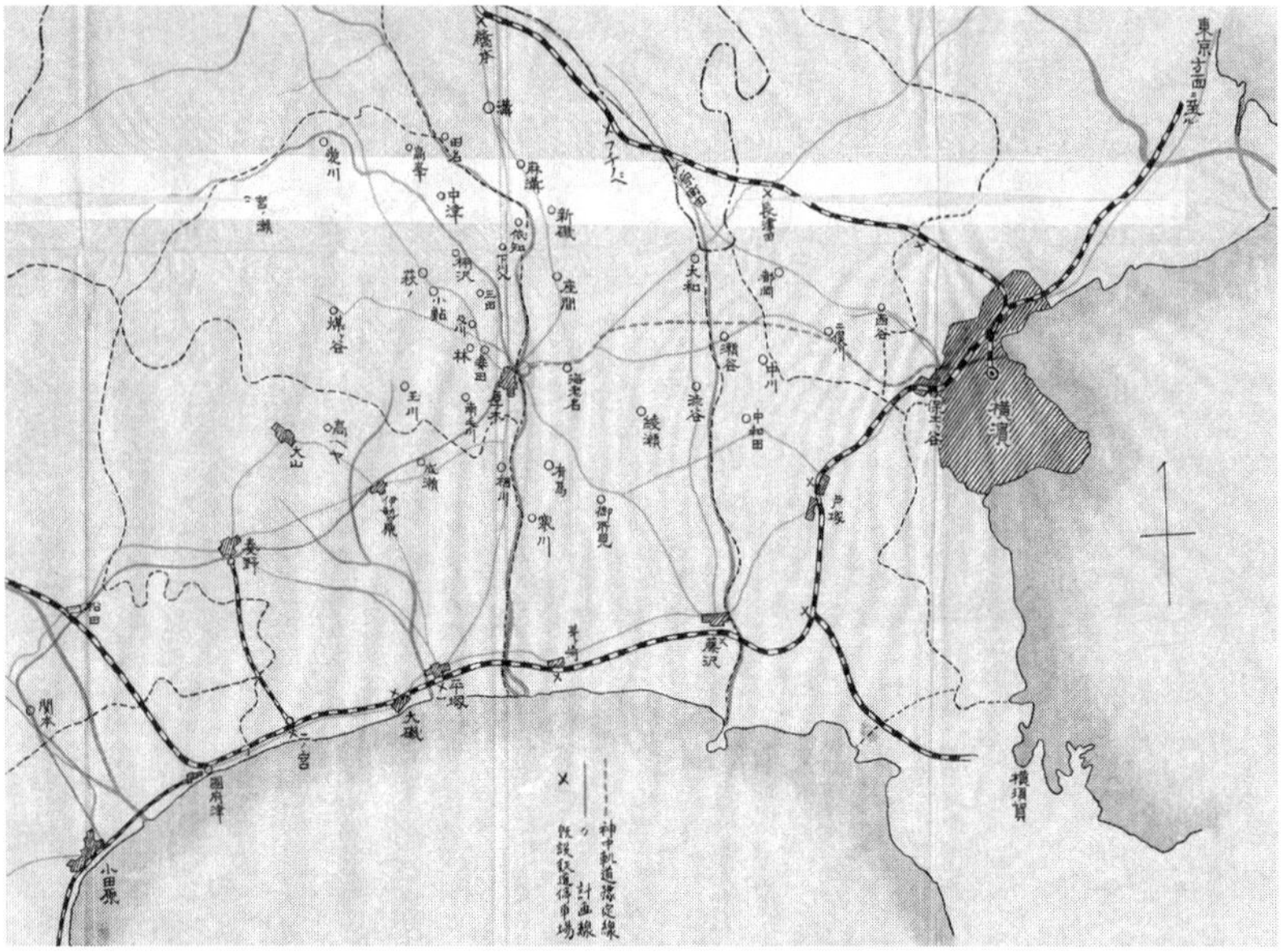

図 2-1　神中軌道の路線計画図

『神中軌道株式会社発起趣意書・目論見書（・他）』神中軌道株式会社（1916 年頃）付図、横浜都市発展記念館所蔵

郡保土ヶ谷町岩間に置かれました。

神中軌道の計画ルートの概略を示した地図として、趣意書・目論見書[(3)]の付図があります（図2-1）。また、一九一六（大正五）年八月に政府より下された特許状では、添付された命令書に当時の予定ルートが次のように記されています[(4)]。

一、神奈川県横浜市久保町千四百八十五番地ヨリ同県橘樹郡保土ヶ谷町大字保土ヶ谷字元町二千百六十四番地ニ至ル新設軌道敷

二、前号終点ヨリ同県都筑郡二俣川村大字二俣川字内田二千三百六十八番ノ一地先ニ至ル仮定県道

三、前号終点ヨリ同県高座郡海老

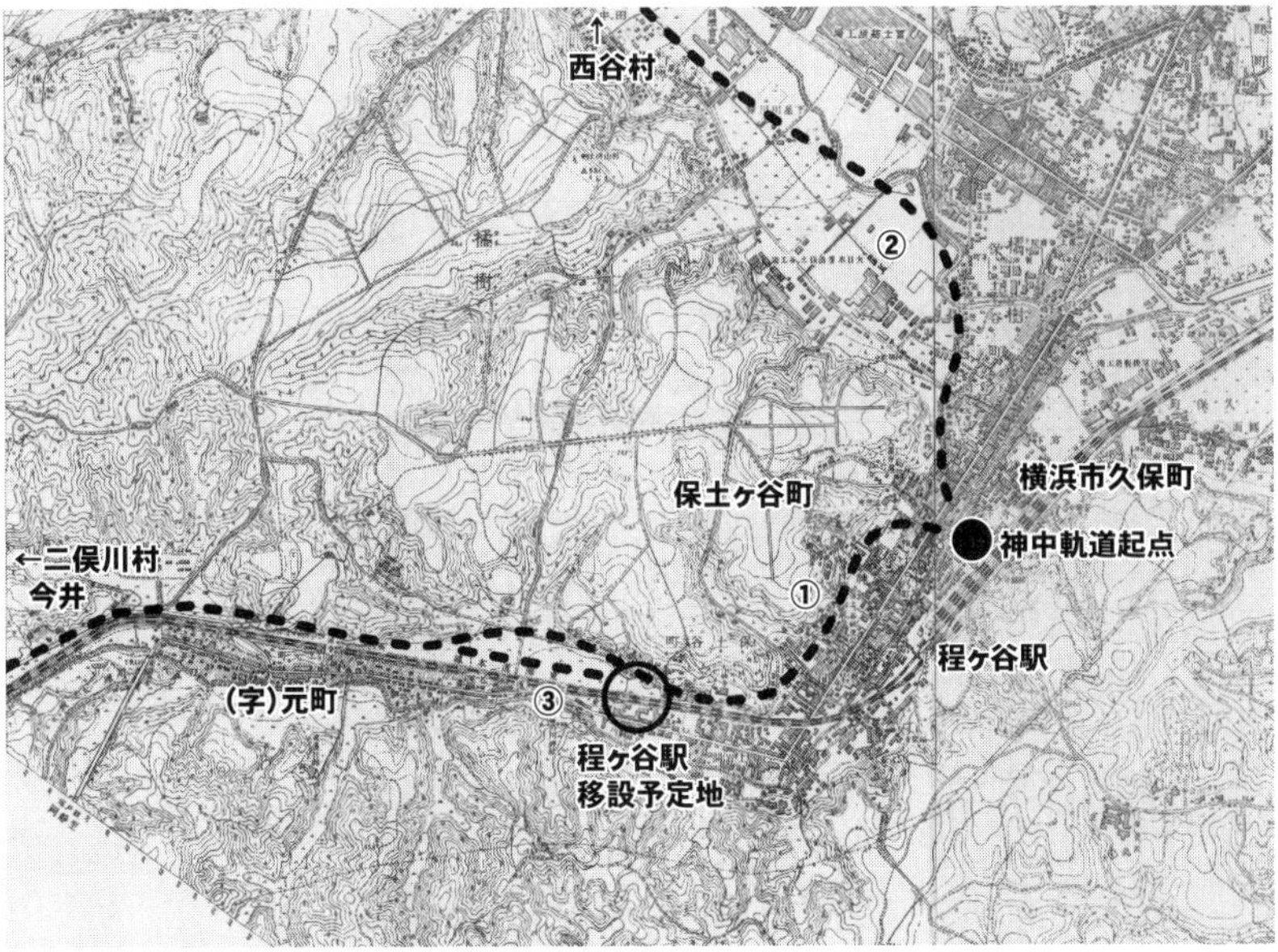

図 2-2　神中軌道・鉄道の保土ヶ谷付近のルート想定図
基図：旧 1 万分 1 地形図「保土谷」「横浜」（1922 年）

名村大字柏ヶ谷字峯下百九十番
地ニ至ル新設軌道敷
四、前号終点ヨリ同村大字河原口
字中河原二千二百四十五番地先
ニ至ル仮定県道

まず、一はさておき、二〜四より、保土ヶ谷の（字）元町（現在の東海道本線の元町ガード付近）から、当時の神奈川県道（厚木街道）を併用軌道で進んで都筑郡二俣川村の今井、本宿を経由し、同村の（大字）二俣川に出て、そこから再び専用軌道で鎌倉郡瀬谷村、高座郡大和村を通過し、同郡の海老名村の柏ヶ谷（大塚）からは再び併用軌道で県道の大山街道を走って、海老名村河原口、つまり厚木町の相模川左岸に到達する予定だったことがわかります。なお、「仮定県道」となっているのは、まだ正式な県道として定められていなかったためです。

では、一にある、起点の程ヶ谷駅付近（横浜市久保町一四八五番地）から保土ヶ谷の元町までですが、詳細なルートはどのように想定されていたのでしょうか。おそらく起点に自社の駅舎を置き、程ヶ谷駅の駅前を通りながら、旧宿場の裏手を高台の麓に沿って専用軌道で進むものだったと推測されます（図2-2の①）。

ところが、一九一九（大正八）年五月、神中軌道は法令上の軌道から軽便鉄道に転換し、「神中鉄道」に社名を改めます。その際に路線の予定ルートは、道路上の併用軌道の区間が専用軌道に変更されたはずです。ただし、ルートを示す図面は残されていません。「神中軽便鉄道敷設免許申請書」[5]に添付された「起業目論見書」には、起点は「鉄道院線程ヶ谷停車場附近」とあります。これは神中軌道と同じです（横浜市久保町一四八五番地）。ただし、経由地が変更されており、「橘樹郡保土ヶ谷町」に「都筑郡西谷村、同郡二俣川村」と続いていて、西谷村が加えられています。つまり、現在の相鉄本線に近いルートでの専用軌道の敷設が、この段階で決まったものと思われます（図2-2の②）。

ところで、大正時代の国有鉄道では、東海道線の支線の終点だった桜木町駅から、線路を大岡川に沿って横浜市内の蒔田《まいた》町まで延ばす工事が進められていました。通称「蒔田線」です。蒔田町から先は、鎌倉街道（現・神奈川県道二一号）に沿い、横浜市弘明寺町

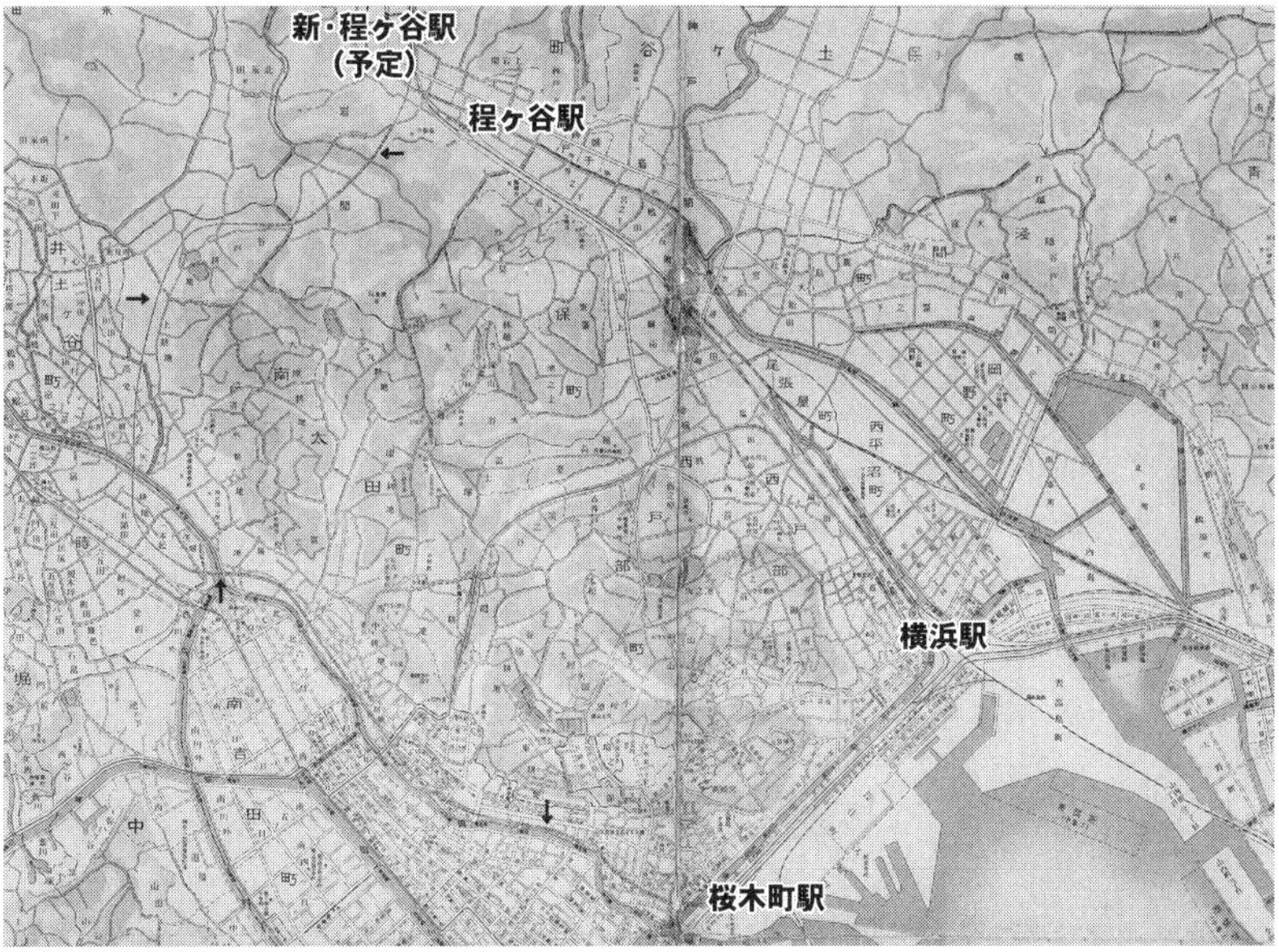

図 2-3 「横浜市及近郊平面図」（部分）
横浜市、1921（大正 10）年、神奈川県立公文書館所蔵、加筆
＊矢印が蒔田線を示し、程ヶ谷駅の移設予定地で東海道本線と合流する。

や久良岐《くらき》郡の日下村日野（現・横浜市港南区）などを経由して、大船駅まで延伸するはずでしたが、保土ヶ谷町が鎌倉郡戸塚町とともにこれに猛反対をしました。そのため、線路を急転回させて、横浜市井土ヶ谷町（現・横浜市南区）などを経由し、程ヶ谷駅に接続させることが、一九一九（大正八）年一〇月頃に決まったようです(6)（図2‐3）。

程ヶ谷～大船駅間は、既存の東海道本線に複線を増設、つまり複々線化して、東京～横浜～桜木町～程ヶ谷～大船駅間に京浜線（後の京浜東北線）の省線電車が走ることになったのです。全ての工事は一九二五（大正一四）年の完成が予定されていました。
ただし、問題は程ヶ谷駅の位置です。横浜駅方面からの線路と蒔田方面からの線路を、程ヶ谷駅で合流させて大船駅方面へ向かわせるには、そのままの位置では無理でした。そこで東海道の踏切の西側、保土ヶ谷町保土ヶ谷の元町付近に旅客（電車）用の新しい程ヶ谷駅を、簡易な停留場として建設することになったのです。そして、既存の程ヶ谷駅は貨物駅とすることになりました。

この程ヶ谷駅の移設計画は、免許を得て着工しようとしていた神中鉄道に、大きな影響を及ぼします。神中鉄道は一九一九（大正八）年九月に、工事施行の認可申請書を鉄道院に提出していたようですが、同年一二月に「工事施行申請書御審査ニ関スル件」(7)と題する書類を提出しています。そこには次のようにあります。「御院電車線路ハ御計画変更相成桜木（町）駅ヨリ横浜市ヲ貫通シ蒔田ヨリ右折シ保土ヶ谷町西端ニ出テ旅客停車場ハ現程ヶ谷駅ヨリ全ク分離シ別箇設立」し、旧駅は貨物専用駅とすることが決まったため、乗客の連絡の便をはかるべく「弊社停車場モ亦之ヲ保土ヶ谷町西端新院電停車場附近ニ移シ線路ハ従来ノ計画線ハ地勢上不能」なので、「院線ニ平行西走シ」「字今井ニ於テ右折今井本宿ヲ経テ二俣川村ニ入リ弊社線六哩附近ニ接続」させようと検討中である、と。

その後、神中鉄道が一九二二（大正一一）年四月に鉄道省にあてた「起業目論見書事項変更申請書」(8)では、起点が「保土ヶ谷町」に変更されています。これは省線電車の新しい程ヶ谷駅のことを指していると思われます。やはりルートを示した図は残されていませんが、先の書類にある通り、新・程ヶ谷駅に起点を置き、東海道本線と並行した後、今井、本宿（いずれも二俣川村の大字）を経由して、二俣川村（大字）二俣川に至るルートが、この時に申請されたものと推測されます。一九二二（大正一一）年五月に変更の申請は許可されました。神中軌道の時期に特許を得たのと近いルートが復活したのでしょう（図2−2の③）。

程ヶ谷駅は、すでに市街地が横浜市と連接しつつあった保土ヶ谷町において、（旅客駅と貨物駅はやや離れることになりますが）省線電車と私鉄の集まる横浜西郊のターミナルに発展しようとしていたのです。

関東大震災後に訪れた転機

しかし、着工に向けて準備中だった神中鉄道にとって、さらに大きく計画を変転させる事態が生じます。一九二三（大正一二）年九月に発生した関東大震災です。現在の高島町交差点付近にあった二代目の横浜駅は、激震に耐えたものの、その直後に周囲に発生した火災により、駅舎もホームも焼失してしまいます。程ヶ谷駅は大きな被害を免れましたが、横浜〜程ヶ谷駅間を走行中だった旅客列車が沿線の火災によって焼失しました。

震災後に鉄道省によって進められた復興事業では、横浜駅を現在の位置に移転して、東海道本線のルートを直線化するとともに、京浜線電車の延長（蒔田線）工事を廃止し、計画そのものが消滅してしまいました。そのため、程ヶ谷駅を保土ヶ谷の元町に移設させる計画もなくなったのです。

神中鉄道はこれを契機に大きな決断に出ました。一九二三（大正一二）年一二月、「過般ノ大震災ニ遭遇シ住宅工場等ノ倒壊又ハ烏有ニ帰シタルモノ夥多有之種々調査ノ結果都筑郡二俣川ヨリ分岐シ帷子川ニ沿ヒ保土ヶ谷町下岩間ヲ経横浜停車場ニ連絡スルニハ至極適当ノ時機ニ之有」[9]として、既存の予定線から二俣川村で分岐し、国有鉄道（省線）の横浜駅に接続する路線の敷設を申請したのです。それは途中、都筑郡西谷村を経て、工場の集まる帷子川沿いの低地に線路を敷設し、保土ヶ谷町の域内を貫くものでした。つまり、起点を程ヶ谷駅から横浜駅に変更し、程ヶ谷駅から二俣川村へのルートは廃止、神中鉄道を横浜駅と海老名村を結ぶ鉄道路線に転換したのです（図2-4）。

程ヶ谷駅を起点から外した理由は、蒔田線の建設中止に加えて、省線には引き続き、程ヶ谷駅には旅客列車（汽車）を停車させず、貨物駅とする計画があったためと考えられます。というのも、国有鉄道は東海道本線の電化工事を進めていました。一九二五（大正一四）年一二月、東京～国府津駅間および大船～横須賀駅間が電化され、まずは蒸気機関車に代えて電気機関車の牽引する列車が走り始めますが、いずれは東京駅から横須賀駅や小田原駅の方面へ向かう省線電車の運転を開始する計画でした。その際に程ヶ谷駅では、旅

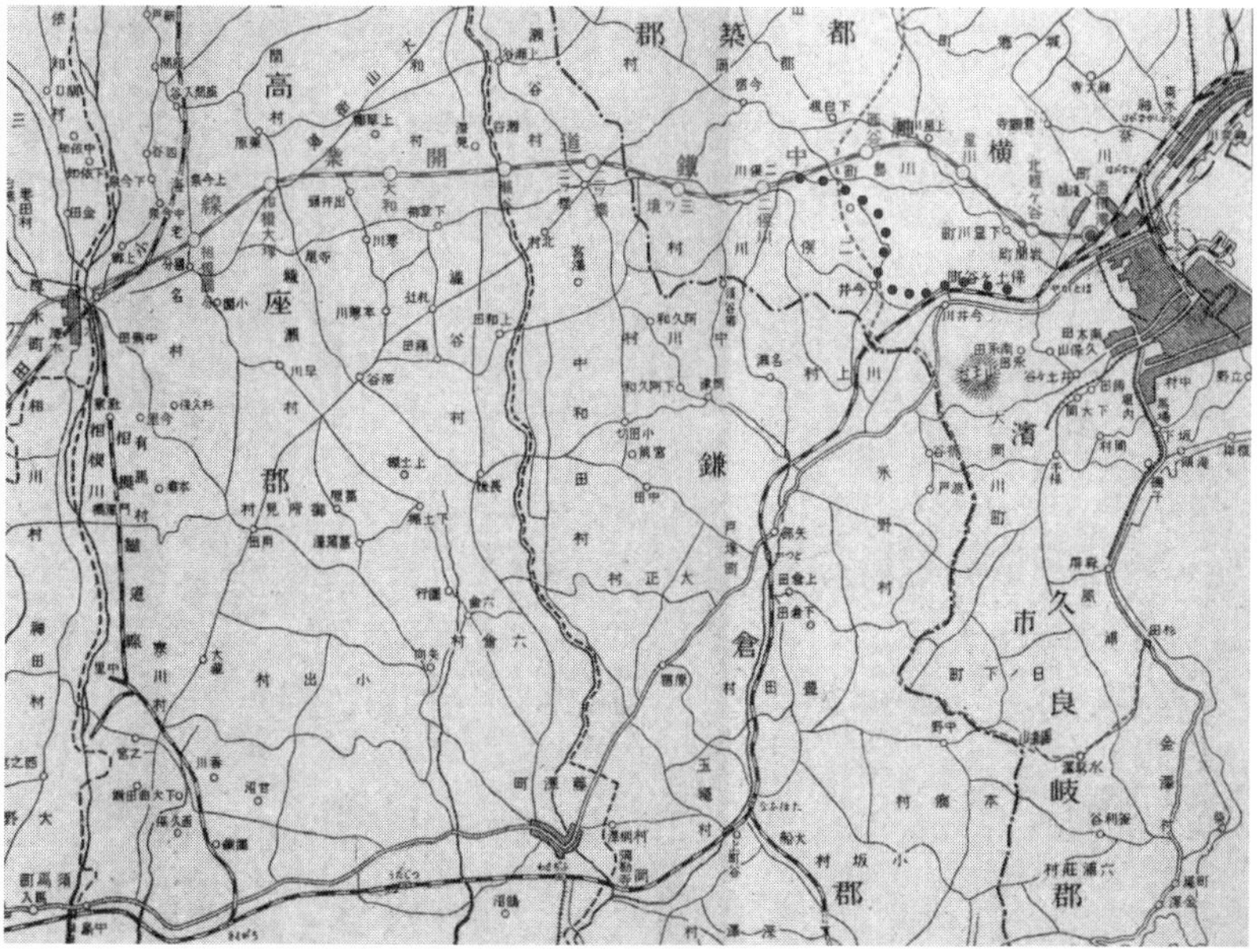

図 2-4 「神中鉄道線路図」
『神中鉄道案内』神中鉄道株式会社（1927 年）付図、国立国会図書館所蔵、加筆
＊点線が関東大震災以前の予定ルート。

客用のホームを廃止する予定だったのでしょう。

新聞記事によると、その代わりに、水道道との踏切付近（現在の西横浜駅付近）に、後の横須賀線電車などの省線電車用の新しい程ヶ谷駅を、停留場の扱いで設けることが計画されていたようです[10]。それは、同じ保土ヶ谷町（一九二七年以降は横浜市保土ヶ谷区）の域内でも、工場が数多く立地し人口の増加が著しい、帷子川沿いに近寄せた立地でした。

またしても、この移設は実現されませんでしたが、ともあれ神中鉄道は、関東大震災をはさんで俎上に上がる省線の程ヶ谷駅の移設計画に翻《ほん》弄《ろう》された結果、横浜駅を起点とすることになったわけです。

神中鉄道の申請に対して、一九二五（大正一四）年一月、二俣川村から横浜市久保町（現在の西横浜駅付近）までの免許が下されます。神中鉄道が起点として想定した横浜駅とは、高島町にあった二代目の横浜駅でした。横浜駅は移転の計画が進められており、鉄道省は三代目の横浜駅へ乗り入れさせるべく、横浜市久保町より手前の区間については保留としたのです。そして、神中鉄道が部分開通した後の一九二六（大正一五）年六月、新しい横浜駅の裏側（西口）から久保町までの線路の敷設免許を改めて申請し、一九二七（昭和二）年一二月に免許が下されました。なお、程ヶ谷駅から二俣川村までの路線については、すでに一九二五（大正一四）年七月、計画が廃止されました。

北程ヶ谷から西横浜へ

さて、一九二八（昭和三）年一〇月、横浜駅は現在地に移設され新駅が開業しました。新駅にはその構内に東京横浜電鉄が高架で、京浜電気鉄道が地上にホームを設けて乗り入れました。京浜電気鉄道と直通した湘南電気鉄道の車両も横浜駅に発着するようになりました。

神中鉄道はそれまでに順次、起点の横浜駅へ向けて延伸を重ねました。一九二七（昭和二）年五月、北程ヶ谷（現・星川）駅まで延伸します。一九二九（昭和四）年二月にはさらに延伸され、東海道本線の線路脇の西横浜駅が起点となりました。西横浜駅の所在地は、当時の横浜市神奈川区西平沼町です。明治・大正期からの横浜旧市内の西端に、線路がようやく到達したことになります。

西横浜駅では、乗降客は東海道本線の線路を跨いで、やはり開通したばかりの横浜市電の水道道停留場との乗り換えが可能でした。また、この駅の構内には、一九二八（昭和三）年七月から神中鉄道の本社が置かれていました。「北程ヶ谷」と同じく、一時的とはいえ、起点駅にふさわしい広域の地名が駅名に採用されたと思われますが、「西横浜」の駅名はその後も改められることなく、現在まで使われ続けます。

ここから一九三一（昭和六）年一〇月、横浜駅の手前の平沼橋駅まで延伸されました。この区間では、程ヶ谷駅より平沼町付近まで伸びていた東海道本線の側線（貨物線）を借り受け、転用しました。帷子川をはさんで隣接する平沼や岡野という地名は、江戸時代、内湾だったこの一帯を干拓して水田とした、豪商の平沼家や岡野家に由来します。平沼新田、岡野新田などと呼ばれました。そして、幕末に東海道の芝生村から横浜村へ通じた横浜道が帷子川を渡る橋、それが平沼橋でした。

平沼橋駅の至近に、東海道本線の平沼駅の跡地が存在しました。明治時代の末期、後の桜木町駅が初代の横浜駅だった時代、東海道本線の主要な列車は横浜駅を経由せず、代わりに平沼駅に停車していました。また、震災復興による都市計画街路（現在の神奈川県道一三号、新横浜通り）に敷設された横浜市電の平沼線と立体交差し、その平沼橋停留場で市電に乗り換えることができました。さらに、一九三一（昭和六）年一二月に開業する京浜電気鉄道の平沼駅との乗り換えも、平沼橋駅が暫定的な起点だった間、時刻表などで案内をしています。

西横浜駅から平沼橋駅にかけての沿線で、帷子川沿いには、神中鉄道の開通する以前の大正期から、横浜市瓦斯《がす》局（一九四四年に東京ガスが事業を継承）の施設をはじめ、古河電気工業や東洋電機製造などの大規模な工場が立地しました。一九三四（昭和九）年八月には、それらの工員の通勤輸送のため、両駅間に古河電線駅が開業しています。

そして、一九三三（昭和八）年一二月、平沼橋駅から横浜駅の裏口（西口）までの線路の延伸が実現します。当初の計画からたびたび変転しましたが、神中鉄道の横浜と厚木（海老名村）とを結ぶ路線がようやく全通しました。

保土ヶ谷駅の昭和

さて、移転がたびたび検討された東海道本線の程ヶ谷駅ですが、移設されることは、結局ありませんでした。一九三〇（昭和五）年三月、横須賀線電車が東京～横浜～大船～横須賀駅間で運転を開始すると、程ヶ谷駅は隣りの戸塚駅とともに横須賀線電車のみが停車し、東海道本線の列車（汽車）は全て通過することになります。ただし、駅舎やホームの位置は明治時代から変わりません。その後も旅客・貨物の両方の取り扱い駅として存続しました。

もっとも、その所在地は、すでに保土ヶ谷町が横浜市に編入され、横浜市保土ヶ谷区岩間上町（現・保土ケ谷区岩井町）となっていました。そして、程ヶ谷駅は一九三一（昭和六）年一〇月、区名にあわせて保土ヶ谷駅に改称されました。

保土ヶ谷駅には、私鉄の旅客線が接続することはありませんでしたが、一九二八（昭和三）年一一月に横浜市営バスが開業し、その最初の開通区間の一つに、桜木町駅前から程ヶ谷駅前（西口）を経て保土ヶ谷橋に至る路線（系統）が設定されました。そして、駅の裏側だった東口には、広幅員の国道一号（東海道）が震災復興の都市計画街路として新設されました。その国道に線路を敷設して、一九三〇（昭和五）年一二月、横浜市電の保土ヶ谷線が開通。保土ヶ谷駅の裏側に終点の「保土ヶ谷駅」停留場を設けます。

ただし、それにともない保土ヶ谷駅に東口が開設されるのは、しばらくしてからの一九三八（昭和一三）年三月です。市電は戦後、さらに南区の井土ヶ谷方面へ井土ヶ谷線として線路を延ばし、一九五四（昭和二九）年五月に保土ヶ谷駅～保土ヶ谷橋、一九五六（昭和三一）年四月に保土ヶ谷橋～井土ヶ谷駅前～通町一丁目が開通しました。

ところで、国有鉄道の横浜駅は、二代目と三代目のいずれも旅客専用駅です。東海道の貨物ターミナルとしての機能を担ったのは、東横浜や高島の貨物駅でした。砂利をはじめ貨物の輸送が大きな比重を占める神中鉄道は、これらの貨物駅に線路が直接につながっておらず、やはり大きな拠点となったのは保土ヶ谷駅です。神中鉄道では西横浜駅から国鉄の貨物側線（単線）を使用して、東海道本線の保土ヶ谷駅へ貨車を乗り入れました。この側線は戦後の一九四八（昭和二三）年七月、払い下げられて正式に相模鉄道の貨物線（西横浜〜保土ヶ谷駅）となります。

その後、高度経済成長期を過ぎた一九八〇年代、自動車交通の隆盛とともに鉄道貨物は衰退期を迎えます。それが関連して、保土ヶ谷駅では改造工事が施されました。

一九七九（昭和五四）年一〇月、保土ヶ谷駅での貨物の取扱いが、新設の横浜羽沢貨物駅に移管され、それにともなって相模鉄道の西横浜〜保土ヶ谷駅間の貨物線も廃止されました。そして、一九八〇（昭和五五）年一〇月、国鉄は東海道本線の旅客列車線（複線）を走行していた横須賀線電車を、並行しているそれまでの貨物線（複線）に移し、これを横須賀線電車専用の線路にしました。そのため保土ヶ谷駅では、東海道本線のホームを撤去して、それまでの貨物線にホームを新設します。

また、一九八一（昭和五六）年二月には、一九一七（大正六）年より使用されていた木造の二代目駅舎（西口）が撤去され、橋上駅に建て替えられました。商店や飲食店の入った駅ビルも、西口と東口の両方に設置されています。

しかし、保土ケ谷区の中心が、かつての保土ヶ谷宿の付近から、帷子川沿いの天王町や星川地区へ移るとともに、保土ヶ谷駅は駅前に東海道の宿場の面影を残す、比較的に静かな駅となりました。一九七〇（昭和四五）年六月に市電の保土ヶ谷線は廃止されましたが、市営地下鉄の乗り入れなども計画されませんでした。ただ、それでも保土ヶ谷駅は、実は相鉄と深く関わりのある駅で、本来はここから始まるはずだったのです。

【註】

(1)「武蔵国」「相模国」など、古代の律令制度で定められた「国」（令制国）は、行政機関としての機能は消失しても、千年以上にわたって地域の単位として定着していました。明治時代になっても廃止が宣言されることはなく、住所を表記する際に、県と郡の中間の地域単位として使用されることが多くありました。

(2)これらの用語の定義は一九二一（大正一〇）年、鉄道省による国有鉄道建設規定において、初めて明確に定められました。駅は「列車ヲ停止シ旅客又ハ荷物ヲ取扱フ為設ケラレタル場所」であり、駅と操車場、信号場をあわせて、「停車場」と総称することになったのです。操車場とは「列車ノ組成又ハ車両ノ入換ヲ為ス為設ケラレタル場所」、信号場とは「列車ノ停止、行違又ハ待避ヲ為ス為設ケラレタル場所」です。なお、軌道（路面電車）等の乗降場には、「停留場」の呼称があてられますが、鉄道においても線路のポイントレール（分岐器）の無い簡易な乗降場は、停留場として、停車場と区別される場合が見られます。

(3)『神中軌道株式会社発起趣意書・目論見書・工費予算書・収支計算書・定款・乗車人員概数・沿線輸出入貨物概数』神中軌道株式会社（一九一六年頃）より。

(4)「横浜市、海老名村間軌道敷設特許の件」『鉄道省文書　神中鉄道　巻一』（一九一六～一九二四年）（国立公文書館所蔵、以下同）より。
(5)「軌道を軽便鉄道に変更免許及び資本増加の件」『鉄道省文書　神中鉄道　巻一』（一九一六～一九二四年）より。なお、法改正により、一九一九（大正八）年八月には軽便鉄道は地方鉄道に改められます。
(6)「院電線延長変更」『横浜貿易新報』一九一九（大正八）年一〇月一二日付などより。
(7)「起業目論見書記載事項中変更及び工事施行の件」『鉄道省文書　神中鉄道　巻一』（一九一六～一九二四年）より。
(8)前掲に同じ。
(9)「二俣川、横浜間延長線敷設免許の件」『鉄道省文書　神中鉄道　巻二』（一九二五～一九二六年）より。
(10)「省電は駅に停車せず新たに停留場設置」『横浜貿易新報』一九二五（大正一四）年三月一一日付より。

第三章　工場地帯から保土ケ谷の新しい拠点へ
【西横浜〜天王町〜星川〜西谷】

帷子川沿いの工場地帯

相鉄の本線は西横浜駅から西谷駅にかけて、帷子川や国道一六号（八王子街道）に沿って、保土谷ケ区を貫通しています。

帷子川《かたびら》は、保土ヶ谷宿に流れる今井川の本流にあたり、現在の横浜市旭区に発します。そして、帷子川は横浜駅付近で東京湾に注ぎますが、西区の岡野や平沼などの地区は江戸時代以降の埋立地で、その自然の河口は西横浜駅の付近にありました。中流に形成された扇状地からその河口にかけて、帷子川沿いに連なる細長い平地は、八王子街道が貫き、明治時代の後半、都筑郡西谷村や橘樹《たちばな》郡保土ヶ谷町に含められました。

帷子川の下流にあたる保土ヶ谷町の町域では、織物や染物などの工場が明治時代より集まり、さらに水運と広い土地を利用して、大工場の立地が明治末期から大正期に進みます（図3-1）。

保土ヶ谷町に立地した大工場の代表が富士瓦斯《がす》紡績です。一九〇八（明治四一）年、保土ヶ谷町の帷子（後の保土ヶ谷区川辺町）にその保土ヶ谷工場が竣工しました。富士瓦斯紡績は富士紡績と東京瓦斯紡績との合併によって生まれ、保土ヶ谷工場は神奈川県で最大規模の工場となり、最も多い時期で約六〇〇〇人の工員がいました。

やがて富士紡の門前の紡績表門通りには、今日の洪福寺松原商店街に近接する天王町商店街の原型となる商店街が形成され、映画館や旅館も立地しました。「富士瓦斯紡績会社

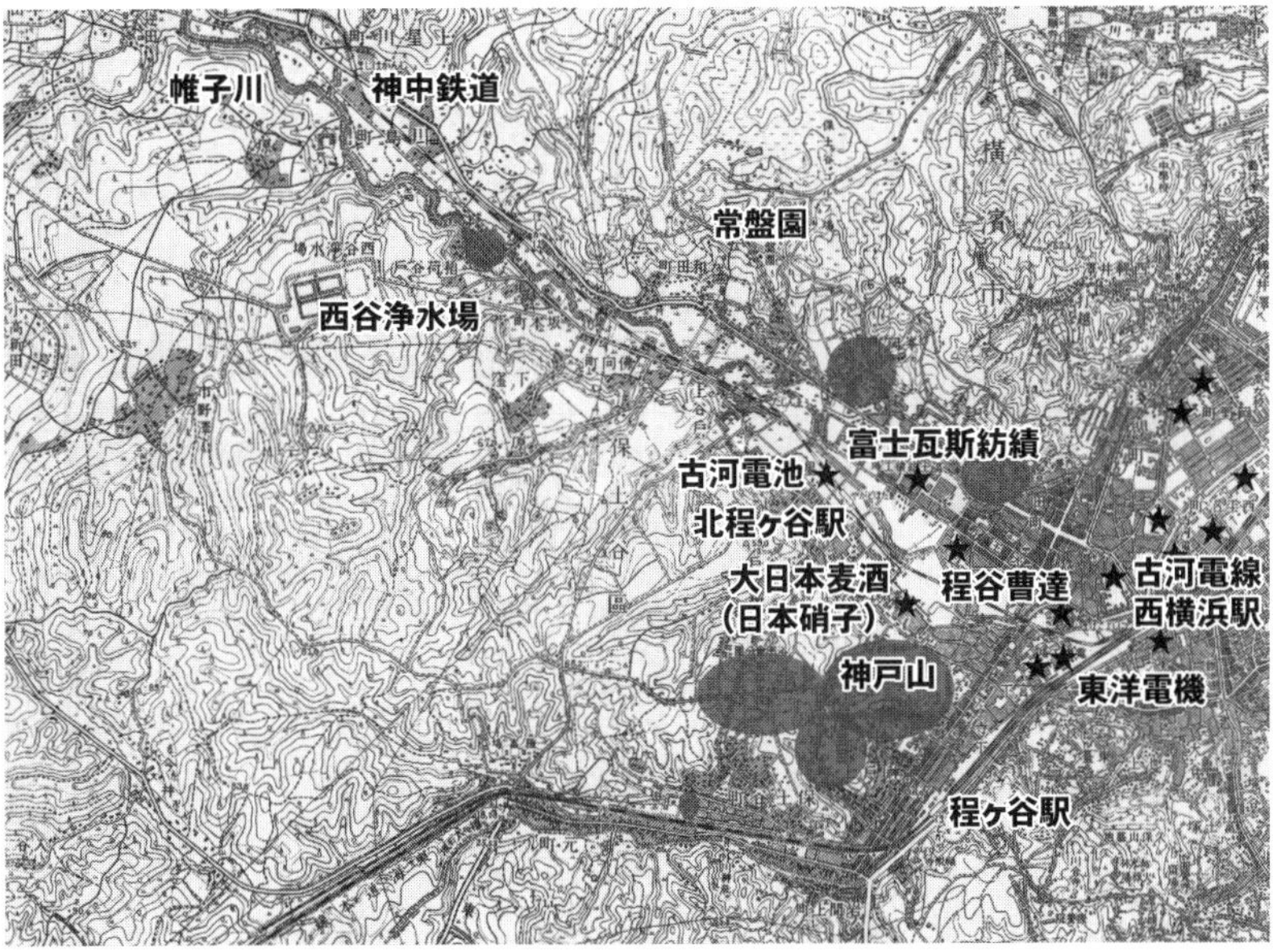

図 3-1　帷子川沿いの工場と住宅地の分布（昭和初期）
基図：2 万 5 千分 1 地形図「横浜西部」(1931 年)
＊★は工場、だ円の網掛けは新興の住宅地。

の工場が建設せられて以来、商家次第に正門附近に蝟集して東方に延び此処に市場を形成し」「其後附近に各種工場〔中略〕建設せられ遂に商街として保土ヶ谷町の中心をなすに至った」[1]のです。

続いて、一九一五（大正四）年には程谷曹達《そーだ》、一九一六（大正五）年には日本硝子《がらす》工業の保土ヶ谷工場が設立されます。前者は保土ヶ谷町帷子（現・保土ヶ谷区天王町）に設立され、苛性ソーダの生産を行いました。やがて合併によって総合的な化学メーカーとなり、戦時中に保土谷化学工業と改め、その保土ヶ谷工場となりました。

一方、日本硝子工業の工場は保土

ヶ谷町神戸《ごうど》の、大日本麦酒の保土ヶ谷工場の隣地に設立され、ビール瓶等の製造を行いました。そもそも大日本麦酒の工場は、一八九三（明治二六）年に東京市芝区より当地へ移転してきたビール工場（桜田麦酒改め東京麦酒）を、一九〇七（明治四〇）年に買収したものでした。やがて大日本麦酒は保土ヶ谷でのビールの製造を止め、一九二〇（大正九）年に日本硝子工業を合併。一帯が巨大な瓶工場となります。そして、一九三六（昭和一一）年に日本硝子の横浜工場として、大日本麦酒から分立します(2)。

また、一九一九（大正八）年には、鉄道車両の電気モーターなどを製造する東洋電機製造が、保土ヶ谷町下岩間（現・保土ヶ谷区西久保町）の工場で操業を開始しました。鉄道の電化、電車の普及が本格化した当時、京阪電気鉄道の役員だった人物を中心に設立された会社で、国鉄をはじめ全国の私鉄各社に製品を納めるようになりました。

保土ヶ谷区の成立と西谷浄水場

このように内陸の河川沿いの工場地帯となった保土ヶ谷町は、すでに横浜市から市街地が連続していましたが、一九二七（昭和二）年、隣接する都筑郡西谷村とともに、正式に横浜市の一部となり、横浜市保土ヶ谷区を構成しました。この年の四月に横浜市は、明治末期以来の市域拡張（第三次）を大々的に実施し、面積が約三七平方キロから三倍以上の約一三四平方キロとなったのです。当時、「大横浜」という言葉が盛んにもてはやされました。そして、市域の拡張とともに、同年一〇月には区制が施行され、横浜市域は中、神奈川、鶴見、磯子、そして保土ヶ谷の五つの行政区に分けられたのです[(3)]。

なお、西谷村が郡境を越えて、保土ヶ谷町とともに編入されたのは、水道が関係していきます。

横浜に水道が誕生したのは一八八七（明治二〇）年のことです。相模川と道志川の合流付近（現・相模原市緑区）より取水し、野毛山（現・横浜市西区）に設けられた浄水場まで導水管が配置されました。そのルートは現在の保土ケ谷区を、帷子川に沿って直線で通過していきます。横浜市の運営となった横浜水道はその後、規模の拡張を重ねていきます。一九一五（大正四）年、二回目の拡張事業によって、導水管の通る西谷村川島に西谷浄水場が新設されました。

しかし、これらは横浜市の水道施設であり、経由地の保土ヶ谷町や西谷村は水の供給の対象外でした。やがて保土ヶ谷町の官公署や程ヶ谷駅、先の工場群には給水を実施し、さらに保土ヶ谷町に町営水道が設立されて、横浜市の水道から分水を受けることができるようになりましたが、それでも割高な市外料金が適用されていました。この矛盾が、横浜市に編入されたことで、保土ヶ谷町と西谷村でも解消され、ようやく一般の給水が開始されたのです。

ちなみに、埋設された導水管の地上は、「水道道」と呼ばれる道路として活用されまし

図3-2　北程ヶ谷駅の駅舎
『神中鉄道案内』神中鉄道株式会社（1927年）挿入写真

た。車両の通行が制限されたため、保土ヶ谷区では、八王子街道と並行する生活道路として使用されるようになります。

保土ヶ谷区を貫く神中鉄道

工場地帯や水道の拠点を抱える保土ヶ谷区の誕生と時を同じくして、神中鉄道が登場します。ちょうど区の領域を縦断するかたちで、路線を開通させていきました。

厚木（終点）～二俣川駅間をまず最初に開通させると、起点の横浜方面へ向けて順次、延伸を重ねました。一九二六（大正一五）年一二月に二俣川駅から星川（現・上星川）駅まで、半年後の一九二七（昭和二）年五月、北程ヶ谷（現・星川）駅まで延伸します。星川駅の所在地は開通時は都筑郡西谷村上星川でしたが、一九二七（昭和二）年の横浜市の市域拡張と区制施行により、横浜市保土ヶ谷区上星川町となりました。

北程ヶ谷駅は約二年間、神中鉄道の暫定的な起点駅となりました。旧・保土ヶ谷町の北部の下星川、横浜市編入後の保土ヶ谷区星川町に立地し、東海道本線の程ヶ谷駅に対して北側に位置するため、この駅名が採用されました。神中鉄道で随一のそのモダンな駅舎は、映画のロケに使用されたこともあったようです[(4)]（図3-2）。

星川駅および北程ヶ谷駅から先は、横浜市内の高島町にあった横浜駅（二代目）まで、直営の連絡バスが運転されました。バスの運行は西横浜駅が開業する一九二九（昭和四）年二月まで続けられます。なお、一九三三（昭和八）年四月に星川駅は上星川駅となり、北程ヶ谷駅が星川駅に改められます。

さて、図3-3は一九三一（昭和六）年頃に保土ヶ谷区を描いた、「横浜市保土ヶ谷区鳥瞰図」と題する鳥瞰図です。図絵の作者は不明ですが、著名な鳥瞰図絵師の吉田初三郎が神奈川県の鳥瞰図を作成したのが一九三二（昭和七）年、同じく横浜市のそれが一九三五（昭和一〇）年なので、県や市よりも先に、市内の一つの行政区に過ぎない保土ヶ谷区が、豪華な鳥瞰図に描かれたことになります。発行は区民による自治組織の保土ヶ谷自治懇話会という団体です。他の各区でこのような印刷物は見られず、工場群を抱えていた保土ヶ谷区の経済力や、区民の意識の高さがうかがえます。

この図の中央上側（西横浜駅付近）で、帷子川に今井川が合流しています。右側が今井

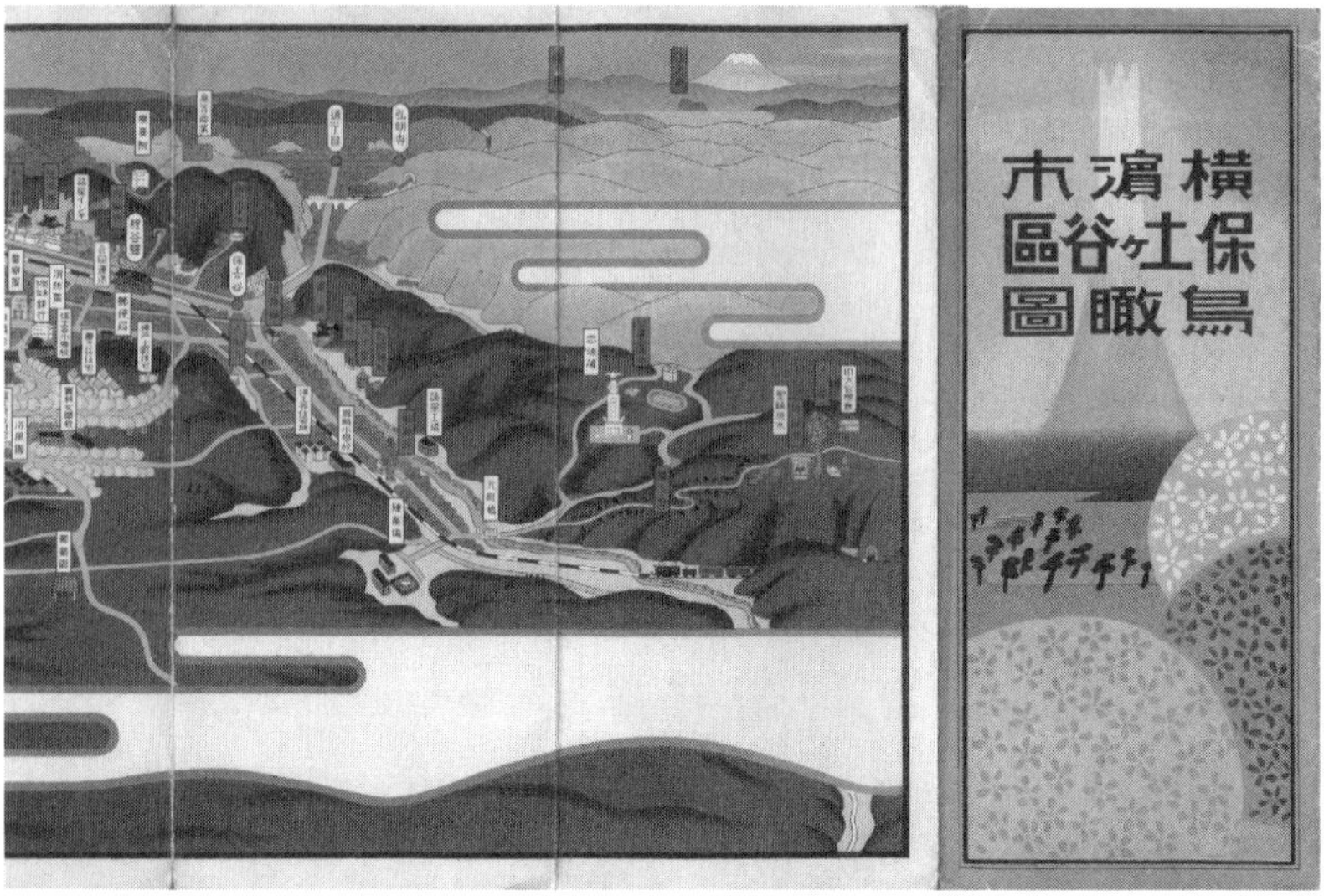

図 3-3 「横浜市保土ヶ谷区鳥瞰図」
保土ヶ谷自治懇話会、1931（昭和 6）年頃、横浜開港資料館所蔵

川の刻んだ谷で、東海道に沿って保土ヶ谷の旧宿場が連なり、程ヶ谷駅から東海道本線が伸びています。左側の細長い谷底平地には、帷子川に沿って八王子街道や水道道、そして開通したばかりの神中鉄道の線路が伸びています。富士瓦斯紡績などの煙突のある工場がいくつも描かれ、工場地帯が形成されているのがわかります。

二つの川にはさまれた、図中央の高台は「神戸《ごうど》山」と通称され、大正から昭和初期に立地するようになった民間や市営による郊外住宅地、市立の実科女学校（現・桜丘高等学校）や福祉施設（浴風園）などが描かれています。この高台の上には「桜ヶ丘」の通称地名が生まれ、一九四〇（昭和一五）年にそれが正式な町名となります。同時に「月見台」や「花見台」などの町名

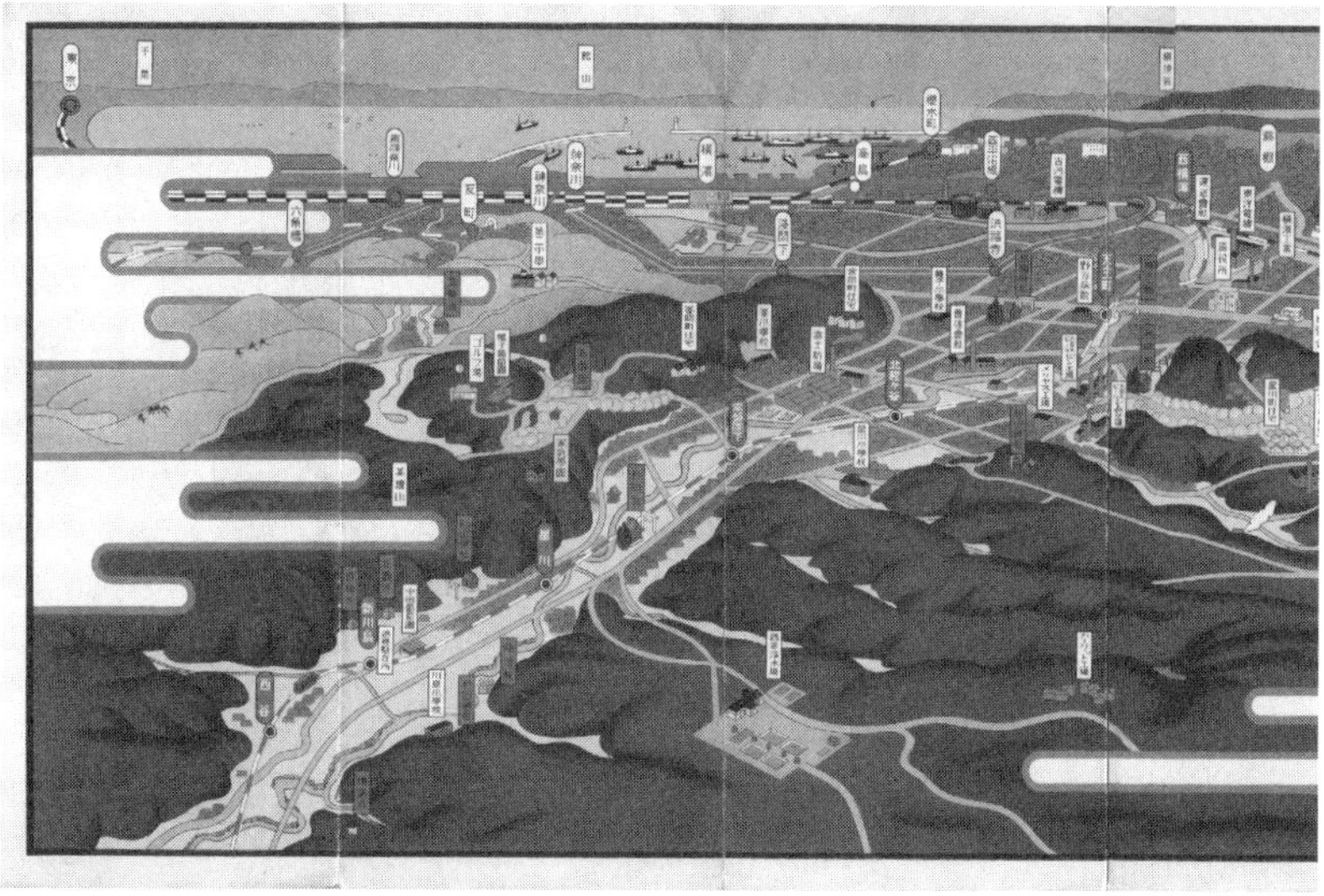

も定められました。また、やや離れて西谷浄水場も見られます。

神戸山の高台は多摩丘陵の末端に位置づけられますが、帷子川をはさんだ反対側の高台（常盤台）は、横浜市東部に広がる下末吉台地の一部です。高台には地域の有力者である岡野家の所有地に、岡野欣《きん》之《の》助《すけ》によって広大な別荘（庭園）が明治時代に開かれました。一九一四（大正三）年にそれが一般に公開されて、この図にあるように常盤園（岡野公園）と呼ばれ親しまれるようになりました。また、その北側に隣接して、一九二二（大正一一）年、ゴルフ場（程ヶ谷カントリー倶楽部）も開かれました。図には他にぶどう園なども描かれています。

図中の常磐（盤）園下駅(5)は天王町駅、新川島駅とともに一九三〇（昭和五）年九月、既存の駅間に挿入して開設されました。いずれも停留場の扱いで、常磐園下駅はもちろん、常盤園へ上る坂道の入り口にありました。戦時中の一九四四（昭和一九）年に営業が休止され、戦後の一九五二（昭和二七）年八月に位置を約五〇〇メートル西へずらし、和田町駅として再開されます。

なお、天王町駅は東海道が帷子川を渡る帷子橋の前に置かれ、戦前の保土ヶ谷区役所の至近に位置し、また富士瓦斯紡績の門前に開けた紡績前通商店街の最寄り駅です。神中鉄道の沿線案内には「附近は区内第一の商業繁華の地域にして日夜来往客頻繁を極む」(6)とあります。戦時中の横浜大空襲（一九四五年）で被災し、一九四八（昭和二三）年五月まで再開されませんでした。一方、新川島駅は八王子街道との交差点（踏切）付近の、旧・西谷村の中心的な位置に設けられましたが、やはり戦時中の一九四四（昭和一九）年に営業を休止し、そのまま廃止されました。

ところで、鳥瞰図の表紙裏には刊行の序文が掲載されています。そこには、「西欧文化の移入と東海道線汽車の開通を見るに及び、往昔東西交通の宿駅たりし保土ヶ谷」では行き交う旅人の姿は消えてしまいましたが、産業の発達によって「明治の中期より各種会社工場の漸次創設せられ、更に又常盤園ゴルフリング、横浜児童遊園等遊覧地域の新施設と本区を貫通せる神中鉄道線其の他交通機関の進展と相俟ちて〔中略〕此の理想的住宅地帯に居を卜するもの日に多きを加へ、今や本市の後方地帯として特殊の新使命を有する」と書かれています。

神中鉄道は非電化の単線でしたが、一九二九（昭和四）年四月より、頻発運転が可能な気動車（ガソリンカー）を導入し、横浜駅乗り入れ後は、横浜～上星川駅間で昼間に一時間三本程度の列車の頻発運転を実現しています。上星川駅（鳥瞰図では「星川」駅）の付近が、当時は横浜の市街地の周縁でした。横浜郊外の保土ヶ谷区において、神中鉄道は実質的に郊外電車の役割を果たすようになっていたのです。

「絹の道」と民間バス、市営トロリーバス

保土ヶ谷区において神中鉄道に並行するのが、八王子街道です。八王子は江戸時代からの機業地であり、明治以後は関東・甲信地方の生糸の集散地となりました。八王子と輸出港の横浜との間には、その輸送のための陸路が開かれました。いわゆる「絹の道」です。他に「神奈川往還」や「浜街道」、また、部分的な別路が「町田街道」と呼ばれるなど、複数の呼称を持つこの道路は、現在の国道一六号の原型です。

国道一六号は、横浜市と町田市との境にある横浜町田インターチェンジ付近で、国道二四六号と交差しています。旧道には現在も辻という地名が交差点名に残ります。国道二四六号は「大山街道」や「厚木街道」と呼ばれ、神奈川県の内陸部を東西に走り、静岡県の沼津市に至ります。江戸時代の「矢倉沢往還」、一部は別名で「青山通り大山道」が原型になっています。

図 3-4 「（横浜ー厚木間）沿線案内」
中央相武自動車株式会社、1930（昭和 5）年頃、個人旧蔵

横浜と厚木の間には、神中鉄道よりも先に一九二三（大正一二）年四月から、これら八王子街道と大山（厚木）街道を経由して、中央相武自動車のバス（乗合自動車）が走っていました。中央相武自動車は現在の神奈中バスの前身の一つで、二代目の横浜駅前（高島町）から浅間町、鶴ヶ峰、川井を経て、辻より大山（厚木）街道に入ると、鶴間、大塚、国分を通り、相模川を渡って厚木町の天王町（厚木神社付近）までバスを走らせました。神中鉄道は中央相武自動車と競合することになります。図3-4の中央相武自動車が作成した沿線案内図には、開通しているはずの神中鉄道の線路は一切描かれていません。

戦後の相模鉄道の時代になると、一九五九（昭和三四）年七月に開業した横浜市営トロリーバスが、並行して走りました。洪福寺停留場から常盤園入口停留場までの区間で国道一六号を走行し、相鉄の横浜〜和田町駅間と完全に競合しました。

なお、トロリーバスとは無軌条電車のことで、架線から集電して走る、いわばレールの無い路面電車です。保土ケ谷区には、保土ヶ谷駅の東口や保土ヶ谷橋付近に市電の路線がかすめていただけで、ほとんどの範囲で市電は走っていませんでした。その代わりに、建設費の安いトロリーバスの路線が開設されたということになります。

市営トロリーバスは横浜駅西口を起点に、一九五九（昭和三四）年一二月には保土ケ谷区と神奈川区の三ツ沢地区を循環する路線を全通させました。トロリーバスは開業以来、黒字の経営を続けます。しかし、市電の廃止が決定すると、単独での電気設備の維持が難しいことから、一九七二（昭和四七）年三月、市電とともに廃止されました。

相鉄沿線に移る保土ヶ谷の重心

保土ヶ谷という地域は、時代とともにその重心が移動しました。それは町役場・区役所の立地の変化に明確に現れています。

一八八九（明治二二）年の保土ヶ谷町の発足当時、町役場は旧宿場の中心付近で程ヶ谷駅の近く、当時の上岩間にありましたが、一九〇九（明治四二）年、北東方向へ約三五〇メートルの、保土ヶ谷町帷子に庁舎を新築します。現在の岩間町交番付近です。さらに一九二六（昭和元）年一二月には、現在の岩間市民プラザの位置に移ります。この町役場の新しい建物が、一九二七（昭和二）年の横浜市編入後は最初の保土ヶ谷区役所の建物となります。所在地は当時の保土ヶ谷区岩間下町です。

戦時中の一九三九（昭和一四）年には、横浜市の最後の拡張（第六次）が実施されました。面積が約一七〇平方キロから約四〇〇平方キロへと二倍以上になる空前の大拡張で、この時に保土ヶ谷区には都筑郡の二俣川村と都岡《つおか》村が編入され、やはり面積は倍増します。

しかし、戦後の高度経済成長による人口の急増を経て、一九六九（昭和四四）年には、ほぼこの旧両村の範囲が旭区として、保土ケ谷区より分離しました(7)。そして、新しい保土ケ谷区の成立と同時に、区役所は星川駅の最寄りの、保土ケ谷区川辺町（現在地）に移されます。かつて富士瓦斯紡績の工場があった場所です。

富士瓦斯紡績の工場は戦時中に軍需工場に転換させられますが、空襲で被災。跡地は米軍の接収を経て、その解除後も工場は復活しませんでした。区役所の他、消防署や警察署、保土ヶ谷郵便局など、保土ケ谷区の中枢となる官公署が集中して立地するエリアとして、再開発が行われました。

このように保土ヶ谷の町役場・区役所は、その場所を四つ変えています。地域の重心が、かつての宿場から帷子川沿いへ、そして、保土ヶ谷駅が保土ケ谷区を代表する駅であることに変わりはありませんが、国鉄の駅から相鉄の沿線へと重心が移動したと言えます。

重心の移動は、増加する居住者の分布を見てもわかります。保土ケ谷区では、一九五〇年代から一九六〇年代にかけての昭和三〇年代に、最も人口が増加しますが、それは相鉄沿線を中心とするものでした。

相模鉄道は一九五五（昭和三〇）年、上星川駅を最寄りとする釜台《かまだい》地区で住宅の分譲を手がけました。また、日本住宅公団は一九五九（昭和三四）年、一〇〇〇戸を超える大規模団地の明神台団地を、一九六一（昭和三六）年には、規模はそれよりも下回りますが、仏向町《ぶっこうちょう》団地を竣工させました。いずれも星川駅や和田町駅が最寄りとなります。また、一九六四（昭和三九）年に入居を開始した神奈川県営の千丸台団地には、相鉄の駅から離れますが、国道一六号を通って横浜駅西口とを結ぶ横浜市営バスの急行（六二系統）が、同年九月より運行を開始しました。

保土ヶ谷を代表する文化施設も、相鉄沿線に数多く立地するようになりました。戦前より文教住宅地となった神戸山の高台では、一九四九（昭和二四）年、花見台に神奈川県営の保土ヶ谷球場が開かれ、その周辺に保土ヶ谷公園が整備されました。保土ヶ谷球場はアマチュア野球の使用を専らとし、特に高校野球においては、「野球王国」として名をはせる神奈川県の予選大会の舞台として全国的に知られました。高校野球を取り上げた水島新司原作の野球漫画「ドカベン」では、この球場が主要な舞台となりました。

また、帷子川をはさんだ常盤台の高台には、戦前より程ヶ谷カントリー倶楽部がありましたが、一九六〇年代に旭区の現在地への移転が進められ、一九七四（昭和四九）年、ゴルフ場の跡地に横浜国立大学がキャンパスを移転させます。第八章で詳しく述べますが、横浜国立大学は、旧制の官立横浜高等商業学校と官立横浜高等工業学校などを前身とし、新制大学の成立時には「横浜大学」となる予定でした。しかし、同時期に現在の横浜市立大学や私立の神奈川大学も「横浜大学」と名乗ることを申請したため、調整の結果、大学名に「国立」を挿入することになります。キャンパスは高商（清水ヶ丘）と高工（弘明寺）の跡地などに分かれていましたが、この移転により統合されました。

自動車交通の要衝

保土ケ谷区において、東海道本線（横須賀線）の保土ヶ谷駅が重要な交通拠点であることに決して変わりはないのですが、地域の重心の移動と連動しながら、相鉄の路線がとても重要な交通機関としての役割を果たすようになったことを、ここまで述べてきました（二〇一八年一一月には天王町～星川駅間の線路と駅の高架化が完成し、高架下には「星天クレイ」と称する商業施設が続いています[8]）。最後にそれに加えて、戦後の保土ケ谷と呼ばれる地域は、横浜における自動車交通の要衝として発展したことにも言及しておきましょう（図3-5）。

一九五九（昭和三四）年一〇月、東海道（国道一号）の、横浜市街を避けるバイパスとして、神奈川区と戸塚区の間に横浜新道（保土ケ谷区と戸塚区の間は有料）が完成しました。また、一九六五（昭和四〇）年一二月、東京都世田谷区の玉川インターチェンジより第三

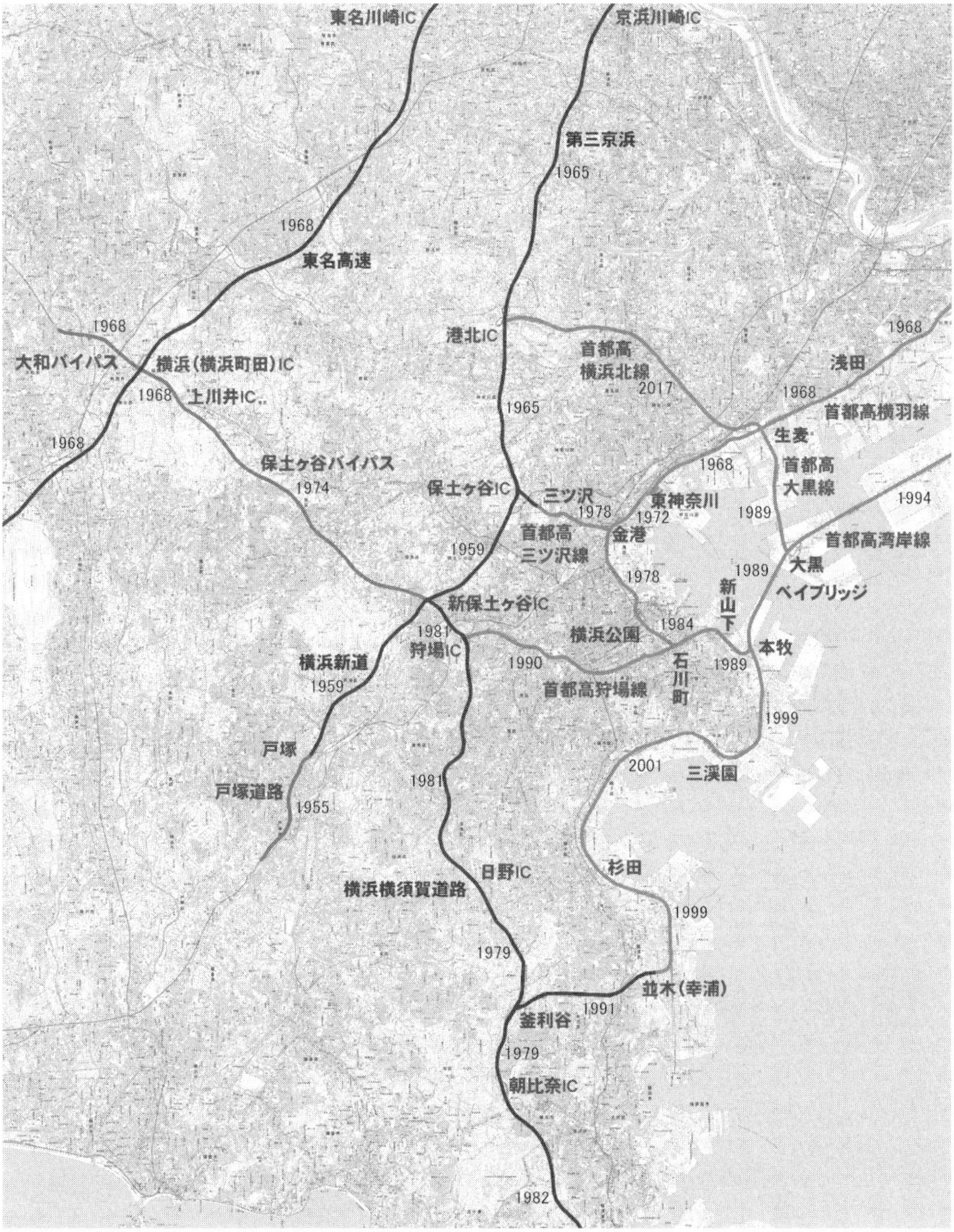

図 3-5　横浜市内の高速道路（平成期）
基図：国土地理院電子地形図 25000
＊数字は開通年。

京浜道路（有料）が全通し、保土ヶ谷インターチェンジが終点となり、横浜新道との接続点になりました。

さらに一九七三（昭和四八）年四月、国道一六号のバイパスとして自動車専用の保土ヶ谷バイパスが建設されると、横浜新道との接続点は新保土ヶ谷インターチェンジとなりました。保土ヶ谷バイパスは、有料道路ではありませんが、横浜町田インターチェンジ方面へと伸び、東名高速道路に接続します。東名高速道路は言うまでもなく、日本で最も重要な高速道路の一つで、一九六八（昭和四三）年四月に東京インターチェンジ（世田谷区）から厚木インターチェンジ（厚木市）までが部分開通していました（翌年に全通）。横浜市域の北端を通過しています。

また、新保土ヶ谷インターチェンジからは、横浜横須賀道路（横横道路）も一九八〇年代に建設されていきます。横横道路は同じく保土ケ谷区の狩場インターチェンジを経て、三浦半島へ向かう自動車専用道路です。

一方、これらは日本道路公団（現・ＮＥＸＣＯ）によって建設された国土や広域レベルの自動車専用道路ですが、横浜市内では京浜間の沿岸部（港湾部）を中心に、都市高速道路網が整備されていきました。一九六五（昭和四〇）年に発表された、いわゆる横浜市の「六大事業計画」の一つです。その建設工事は首都高速道路公団（現・首都高速道路株式会社）に委託され、首都高速道路の神奈川各線として竣工していきます。

横浜市内の首都高速道路は、一九六八（昭和四三）年の神奈川一号横羽線の部分開通（羽田～東神奈川出入口）を皮切りに、神奈川二号三ツ沢線（金港～三ツ沢ジャンクション）の全通（一九七八年三月）や神奈川三号狩場線（本牧～狩場ジャンクション）の全通（一九九〇年三月）、そして、湾岸線の部分開通（一九八九年九月に本牧ふ頭出入口から大黒ジャンクションまで、一九九四年一二月に空港中央出入口へ延伸）などの順に、一九九〇年代にかけて建設が進みました。自動車専用の横浜ベイブリッジも、一九八九（平成元）年九月に湾岸線の一部として完成しました。

そして、国土や広域の自動車専用道路とこれら都市高速道路の、横浜市におけるジャンクションになったのが、保土ヶ谷や新保土ヶ谷、狩場のインターチェンジです。現在の保土ケ谷という地域は、鉄道が重要な役割を果たしているだけでなく、横浜における高速道路網の重要な拠点でもあるのです。

【註】

(1)『横浜市商店街に関する調査』横浜商工会議所（一九三七年）より。これは昭和戦前期に横浜商工会議所が、国の依頼を受けて行った商店街の調査です。都心部商店街として伊勢佐木町と馬車道、特殊商店街として弁天通と元町、そして、周辺部商店街として潮田町と紡績前通が、横浜を代表する商店街として取り上げられています。紡績前通（紡績表門通り）は、潮田町（鶴見区）と同じく、工場地帯を後背地にして発展した商店街でした。

(2)工場は戦後も操業を続けましたが、一九八五（昭和六〇）年に閉鎖され、現在、跡地はオフィスビル群の横浜ビジネスパークとして再開発がなされています。なお、付近にはビール工場に由来して、「ビール坂」と呼ばれる急な坂が存在します。

(3)戦前に区制が施行されて市域が行政区で分割されていたのは、東京市、大阪市、京都市、名古屋市、横浜市、神戸市の、いわゆる六大都市でした。

(4)長谷川弘和『横浜の鉄道物語』ＪＴＢパブリッシング（二〇〇四年）より。ただし、詳細は不明。星川（旧・北程ヶ谷）駅は、富士瓦斯紡績や日本硝子などの大工場を付近に抱える、工場地帯の駅でした。その北西には一九三七（昭和一二）年、古河電池の工場も建設されました。

(5)戦前は「常盤」と「常磐」の表記が混在しており、現在は前者を用います。ただし、神中鉄道では、主に「常磐園下」駅の表記が用いられていました。

(6)「神中鉄道沿線案内」神中鉄道株式会社（一九三一年）より。

(7)それに先立つ一九五九（昭和三四）年、横浜市の「区の設置並びに区の事務所の位置、名称及び所管区域を定める条例」により、区名および町名の表記が「保土ヶ谷」ではなく、「保土ケ谷」と定められました。なお、筆者は個人的には、東京の世田谷と同じく、「保土谷」と三文字で表記するのが最善と考えています。

(8)旧東海道と交差する位置にある天王町駅は、一九六八（昭和四三）年三月にすでに高架化されていましたが、この工事でリニューアルが行われました。

第四章　相鉄沿線を特色づける横浜市旭区

【西谷〜二俣川〜三ツ境】

二俣川村から旭区へ

相鉄本線は西谷駅までが横浜市保土ケ谷区に属し、次の鶴ヶ峰駅から二俣川駅を経て、希望ヶ丘駅までが旭区を通過していて、三ツ境駅のすぐ手前で瀬谷区に入ります。

前身の神中鉄道が着工した段階では、この辺りはまだ横浜市に編入されておらず、当時の地域区分では、そのルートは西谷村から二俣川村へ、いずれも都筑郡を通り抜け、鎌倉郡の瀬谷村に入るものでした。西谷村が一足先に横浜市に編入されて保土ヶ谷区を構成し（一九二七年）、戦時中の一九三九（昭和一四）年、横浜市域全体の大拡張が行われ、二俣川村は北隣りの都岡《つおか》村とともに横浜市保土ヶ谷区に編入されました。こうして神中鉄道の沿線の大部分が一時、保土ヶ谷区に属することになりました。

戦後の高度成長期、保土ケ谷区は住宅地化の進展によって急激な人口増加にさらされます。横浜市は適切な行政サービスが実施できるよう、一九六九（昭和四四）年、およそかつての二俣川村と都岡村の範囲を旭区として保土ケ谷区から分立させます。

その区名は公募にもとづいて、「鶴ヶ峰」や「西保土ケ谷」などの案もありましたが、いわゆる瑞祥地名の「旭」が選ばれました。こうして行政区域そのものが相鉄沿線によって形成され、保土ケ谷区以上に相鉄と密接な関係にある旭区が誕生するのです。

鉄道沿線案内図〜沿線の魅力のＰＲ

さて、口絵は、横浜駅への乗り入れが実現した一九三三（昭和八）年頃に発行された、神中鉄道の沿線案内図です。

鉄道の路線や駅、運転系統などを、単純な図形で模式的にわかりやすく示した鉄道路線図に対して、沿線の情報を盛り込んだもの、つまり、その沿線にある名所・旧跡や行楽地、商業・娯楽施設などを書き込み、あるいは景観そのものを描き込んだ図を、「鉄道沿線案内図」と呼ぶことができます。大正から昭和初期、開業したばかりの私鉄各社は、沿線地域の魅力を高め、鉄道の利用者を増大させるため、色鮮やかで趣向をこらした鉄道沿線案内図を競って作成しました。横浜周辺では、横浜市電の前身である横浜電気鉄道、京急の前身である京浜電気鉄道を皮切りに、同じく京急の前身の湘南電気鉄道や、東急の前身の東京横浜電鉄が特に数多くの沿線案内図を作成しています。

神中鉄道もそれに負けじと、鉄道沿線案内図を作成したのです。口絵の「沿線案内　神中鉄道」の作者については、「六洋」の落款《らっかん》（サイン）がありますが、詳細は不明です。いずれにしても横浜〜厚木駅間の全通にあわせ、絵師に依頼して作成した印刷物だと思われます[1]。

西谷駅から横浜駅寄りは、桃色に塗られ家屋が密集して描かれています。これが当時の横浜市域、もしくは、まだ実際は市街地化の途上ですが、横浜市街を示しています。うち沿線の保土ヶ谷区には、前章で紹介した富士瓦斯紡績（富士紡）や、大日本麦酒（エビスビール）のビール工場、西谷の水道浄水場の他、常盤（磐）園、程ヶ谷カントリー倶楽部（ゴルフリンク）が描かれています。

西谷駅は一九二六（大正一五）年一二月に設置された駅で、近年は相鉄新横浜線が分岐したことで、特急・急行・快速の停車する相鉄の主要駅の一つに昇格しました。「西谷」の駅名は、所在地の横浜市編入前の村名を採用しています。西谷村は、江戸時代以来の上星川村と川島村が町村制施行時に合併し成立した、近代の行政村です。村名の由来は帷子川沿いの谷の西側にあることからでしょうか。しかし、駅開業の四カ月後、横浜市への編入とともに西谷村は消滅しました。

この時点で、「西谷」の地名は神中鉄道（相模鉄道）の駅名として、あるいは横浜市の浄水場の名称として受け継がれましたが、正式な地名としては消失しました。しかし、一九六〇（昭和三五）年、保土ケ谷区西谷町が誕生します。それはかつての広域ではなく、西谷駅周辺の地区名としての、「西谷」の地名の復活でした。

西谷駅から図の左側、二俣川駅や三ツ境駅、瀬谷駅、大和駅にかけての沿線、つまり今日の旭区や瀬谷区、大和市にあたるエリアには、古戦場や社寺、城跡など、名所・旧跡が描かれています。「牡丹園」や「芋掘会」「大池」などの絵や文字も見られます。ここでいう古戦場とは、鎌倉時代に起きた畠山重忠と鎌倉幕府（北条氏）との戦い、二俣川合戦のあった場所を指しています。図中には「万騎原古戦場」とあり、少し離れて鶴ヶ峰駅の付近に「畠山重忠公霊堂」（首塚）の文字が見られます。

また、瀬谷や大和の付近での芋掘り大会の他、鶴ヶ峰、二俣川、三ツ境の付近でのいちご摘みや茸狩り、栗拾いなど、沿線でのイベントが神中鉄道の主催で企画され、割引切符も販売されました。さらに終点の厚木駅の付近やその先には、国分寺跡や相模川と厚木の町があり、七沢温泉や大山などの行楽地も描かれています。

神中沿線の郊外住宅地

ところで、口絵では、駅は大きな楕円で表現されていますが、やや小さな円で表現された駅がいくつか見られます。これらは分岐器（ポイントレール）等の無い簡易な停留場として開設された駅です。天王町、常磐（盤）園下、新川島の三駅が加えられた後、一九三〇（昭和五）年一〇月に鶴ヶ峰駅が、一九三三（昭和八）年四月に二俣下川駅が、いずれも既存の駅間に挿入されました。

鶴ヶ峰駅は開業と同時に、神中鉄道における当時の横浜市内最西端の駅になりました。駅は保土ヶ谷区川島町、かつての西谷村川島に位置しました。本来の「鶴ヶ峰」とは、帷子川をはさんだ都岡村の景勝地の名で、鎌倉時代の二俣川合戦の際、畠山重忠が布陣したことで有名な地名です。

また、二俣下川駅は二俣川村の村役場の至近に設置されました。二俣川村の中心的な集落である大字二俣川の（字）下川にあり、二俣川駅よりも便利な位置でした[2]。現在の旭区本村町にあたります。二俣川駅は神中鉄道の開通時の一九二六（大正一五）年一二月に開業し、二俣川村の村名を駅名に付けましたが、大字二俣川の集落からやや離れていたのです。二俣川村も西谷村と同様、横浜市編入とともに消滅しますが、こちらは大字の「二俣川」が、駅名だけでなく、町名（保土ヶ谷区二俣川町）としても存続されました。

さて、口絵では鶴ヶ峰駅と二俣下川駅の付近の上下に、「住宅地」の文字を付したイラストが配置されています。裏面にある解説文には、「文化住宅地（鶴ヶ峯及二俣下川停留場附近一帯）」と題して、「土地高燥、風光絶佳、文化住宅地として絶好の最適地、横浜駅より約二十分にて達す」という説明が記されています。この付近で神中鉄道は、住宅向けの土地の貸し付け業務を行い、契約者には優待乗車券を贈呈したようです[3]。また、「神中線御案内」（一九三五年頃）という別の沿線案内図では、二俣下川駅付近に「健康住宅地」の文字が記され、下段真ん中に駅付近の写真も掲載されています（図4-1）[4]。

なお、戦前の横浜市三〇〇〇分一地形図「西谷」（一九四四年）には、鶴ヶ峰駅の北西側に「鶴ヶ峰住宅地」という文字のみが記されています。これは現在の鶴ヶ峰駅の北西に位置する、鶴ヶ峰バスターミナル周辺の住宅地を指しているようです[5]。この住宅地は、同潤会の後身で、半官半民の特殊法人である住宅営団が戦時中、土地の買収に着手して分

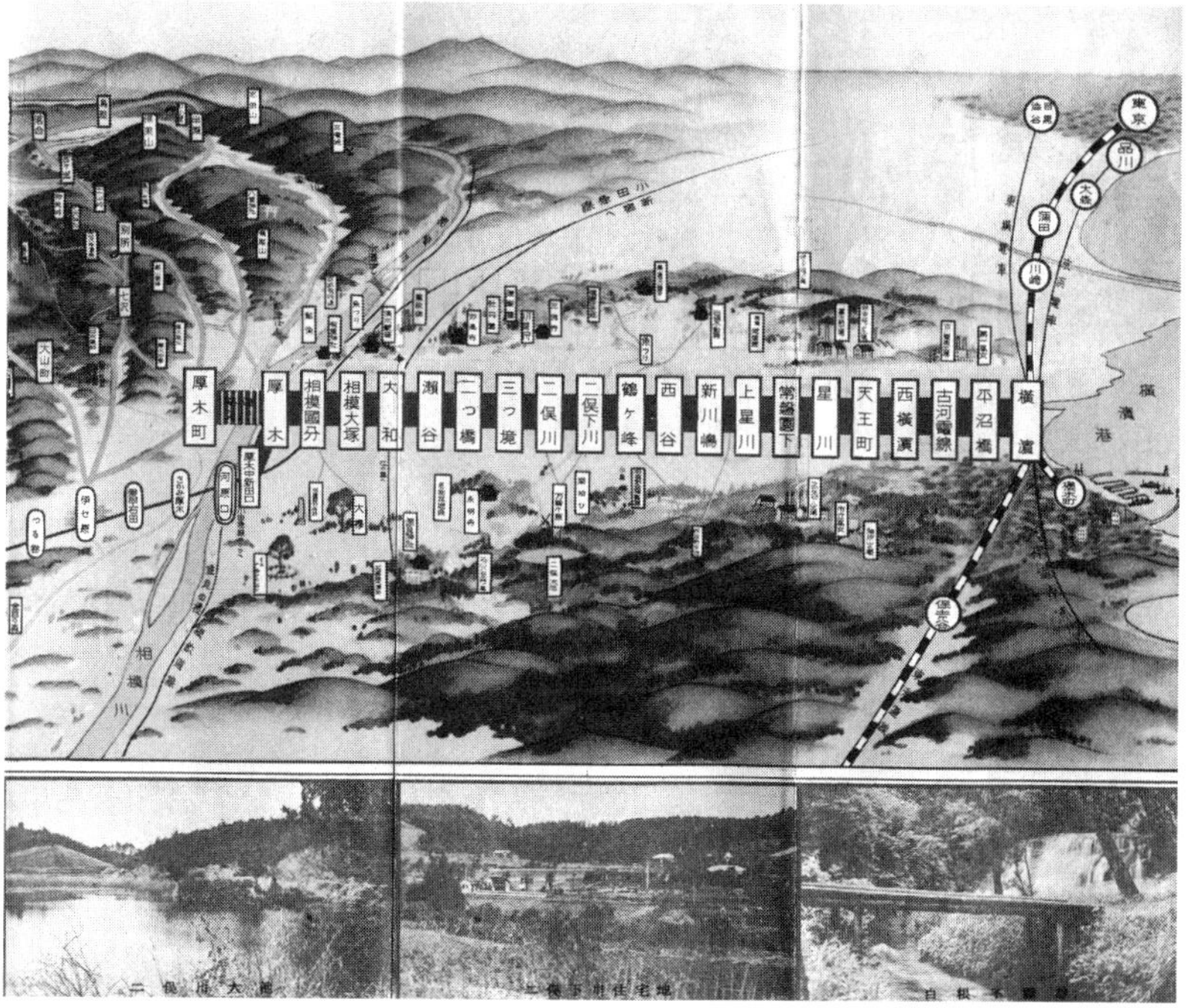

図 4-1 「神中線御案内」
神中鉄道株式会社、1935（昭和 10）年頃、横浜市中央図書館所蔵

譲したものです(6)。

瀬谷駅付近にも住宅地が描かれていますが、それについては次章で触れます。

相鉄の住宅地開発

一九四七（昭和二二）年六月に東急傘下を離れ事業を再開した相模鉄道は、戦前の神中鉄道よりも積極的に沿線の開発を展開しました。

その嚆矢として、一九四八（昭和二三）年五月に二俣川駅と三ツ境駅の間に希望ヶ丘駅を新設し、駅周辺で住宅地の分譲を行いました。戦後の混乱から明るい未来への希望をこめて、この駅名が付けられました。そして、現在の西区藤棚町にあった旧制の県立横浜第一中学校を誘致し、新制の県立希望ケ丘高校が開校します。一帯は沿線有数の文教住宅地となり、後に「希望が丘」の地名が付されます。

なお、旧制・横浜第一中学校は「横浜一中」とも呼ばれましたが、明治時代にできた神奈川県で最初の中学校であり、最初は単に神奈川県立中学校と称しました。そのため、「神中《じんちゅう》」と略称され、この略称が昭和時代にも使われ続けます。例えば、希望ケ丘高校の野球部は胸に「J」の字をあしらったユニフォームで、一九五一（昭和二六）年、夏の甲子園大会に出場しました。もちろん、かつての神中鉄道の沿線に移転したのは偶然であり、全く関係がありません。

一方、一九五一（昭和二六）年には、三ツ境駅の南側で三ツ境住宅地の分譲も開始しました。

そもそも「三ツ境」という地名は、武蔵国都筑郡の川井村と二俣川村、相模国鎌倉郡の阿久和村の、三つの村の境界付近に位置することに由来するとされます[7]。もしくは、「密教」が転じたともされ、「三ツ経」とも表記されます。なお、川井村、二俣川村、阿久和村のいずれも、江戸時代の村（自然村）の名称です。明治時代に町村制が施行されると、旧村名は新しい広域の村（行政村）の大字となり、順に都筑郡都岡村川井、同郡二俣川村二俣川、鎌倉郡中川村阿久和となります。三ツ境は主に都岡村に含まれる厚木街道沿いの集落を指していました。

三ツ境付近は武蔵と相模の国境であり、八〇メートル程度とはいえ、相鉄の沿線では最も標高の高い地域です。神中鉄道は開通と同時に、三ツ境集落の至近に三ツ境駅を設置しました。ただし、駅の所在地は村境をはさんだ中川村阿久和でした。後に都岡村は横浜市保土ヶ谷区（現在は旭区）となりましたが、中川村は戸塚区（現在は瀬谷区）となったため、相鉄の三ツ境の駅と住宅地は戸塚区に含まれることになりました。そして、一九六二（昭和三七）年、戸塚区（現・瀬谷区）三ツ境の町名が誕生します（末尾に「町」は付しません）。しかし、ここはかつての阿久和です。本来の三ツ境の地は現在、旭区笹野台になっています。

三ツ境駅の西隣りには、駅間が短いのですが、二ツ橋駅が神中鉄道の開通当初より設置されていました。この駅は停留場の扱いですが、中原街道（現・神奈川県道四五号）と交差する付近に位置し、比較的に大きな二ツ橋の集落があったため、あえて設けられたものと思われます。しかし、二ツ橋駅は戦時中の一九四四（昭和一九）年に営業を休止し、戦後も再開されることなく、一九六〇（昭和三五）年八月に正式に廃止されてしまいます。

相模鉄道は、三ツ境の住宅地と同じく一九五一（昭和二六）年頃から、それよりも規模の大きな瀬谷住宅地（後の南台住宅地）を、横浜市等と共同で二ツ橋の集落の南西で中原街道に沿った場所に開いていきました。

さて、一九五〇年代後半（昭和三〇年代）に入り高度経済成長期になると、購入者が住宅金融公庫から融資を受けられる、いわゆる公庫建売住宅が開発の中心となります。公庫建売住宅は公共機関だけでなく、鉄道会社など一部の認められた民間企業のみ、建設することができました。相模鉄道は大手私鉄ではなく、東京都内に路線区間がありませんでしたので、当初認められていませんでしたが、一九五五（昭和三〇）年にその建設が承認されました。そして、同年一〇月、先の希望ヶ丘の住宅地と、上星川駅を最寄りとする釜台住宅地で、公庫建売住宅の分譲が最初に行われました。

相鉄の開発した住宅地として代表的なものに、二俣川駅の南方約一キロ一帯、約八五万平方メートルにおよぶ、神奈川県とともに開発した万騎が原《まきがはら》住宅地（万騎が原団地）が上げられます。ここには戸建ての公庫建売住宅のほか、県営の集合住宅も建ち並びました。相鉄は一九五八（昭和三三）年三月より分譲を開始しました。

相模鉄道はその他に、三ツ境駅北側の楽老峰住宅地を一九五八（昭和三三）年、鶴ヶ峰駅を最寄りとする白根住宅地を一九六四（昭和三九）年より分譲しました（いずれも当時は保土ヶ谷区。現・旭区）。横浜市外では海老名町（当時）大谷のえびな国分寺台住宅地（一九六三年分譲開始）などの開発を手がけていきました。万騎が原では土地の分譲は行われませんでしたが、これらの住宅地では、公庫建売住宅の販売だけでなく、「既に東京の郊外」「高級住宅地」などの宣伝文句のもと、一般の住宅地の分譲も行っていきました。

相鉄沿線の「団地銀座」

一九五〇年代から八〇年代にかけて、神奈川県内には日本住宅公団（現・UR）や県・市の住宅供給公社による、あるいは県営・市営の集合住宅団地、いわゆる「団地（ダンチ）」が多数、建設されました。

日本住宅公団は一九五五（昭和三〇）年に設立された国の特殊法人で、高度経済成長期を迎えて主に大都市とその周辺に居住する勤労者を対象に、住宅（賃貸・分譲）を大量に供給することを目的としました。また、神奈川県では、すでに一九五〇（昭和二五）年に設立された神奈川県住宅公社（後の神奈川県住宅供給公社）が、住宅の供給事業に取り組んでいました。

そもそも団地とは、「一団のまとまった土地」という意味です。団地には住宅や工場、倉庫などのさまざまな建物が建てられますが、これら住宅公団や公社によって、特に一九六〇年代から七〇年代、鉄筋コンクリート造りの集合住宅が急ピッチで建設されていきました。それは日本全国のあわゆる都市で見られる光景となり、「団地」という言葉は、本来の意味から転じ、一団の土地に建設された鉄筋コンクリート造りの集合住宅群、という意味で広く定着していったと言えます。そして、そこに住む人々は、「ダンチ族」と呼ばれたりもしました。

相鉄の沿線および、同線と国鉄横浜線沿線との間に位置する地域には、これら住宅団地

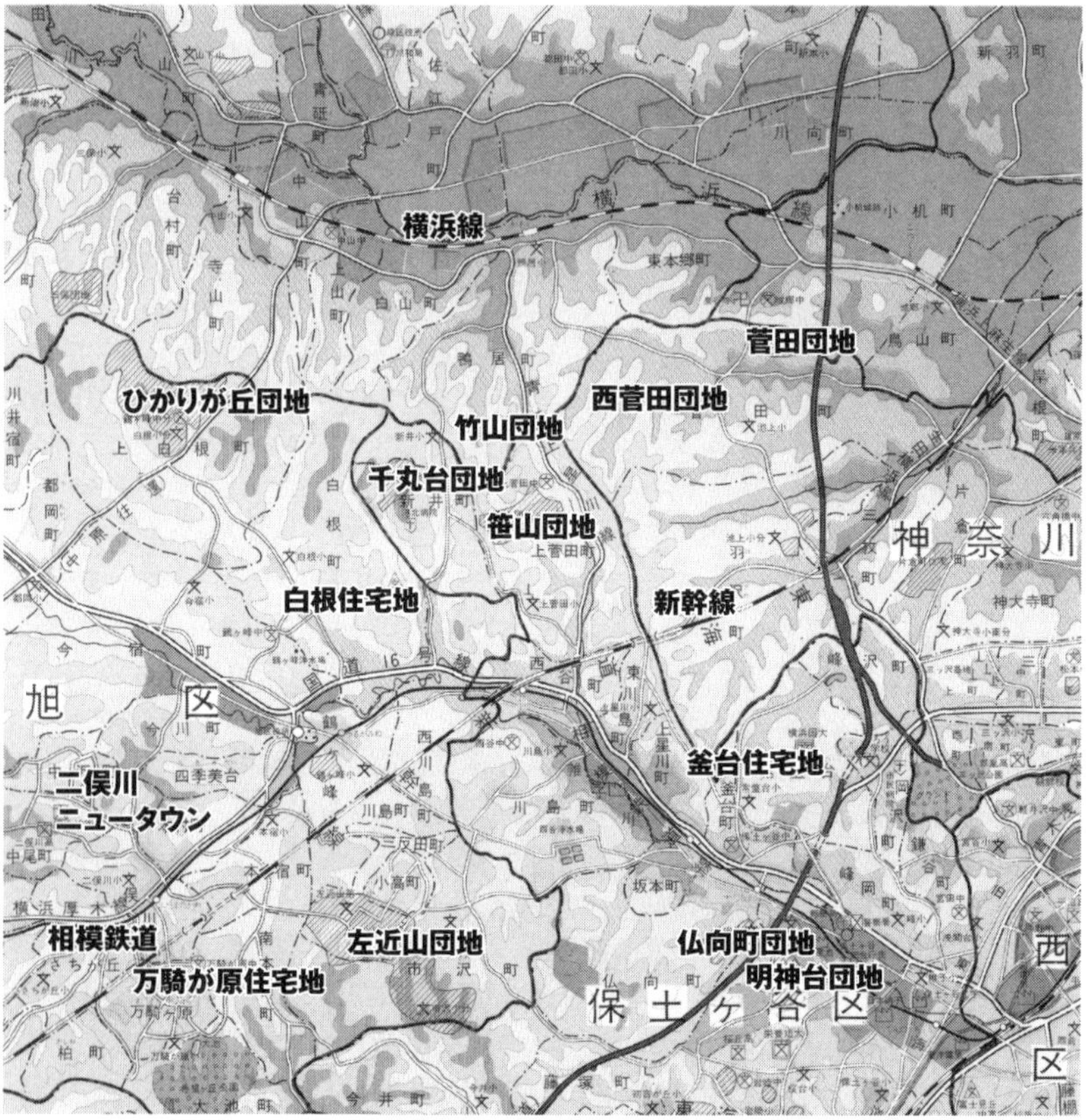

図4-2　「最新横浜市全図」（部分）
横浜市小学校社会科研究会校閲、1969（昭和44）年、横浜開港資料館所蔵、加筆
＊昭和戦後期に開発された相鉄沿線の主な住宅地を示す。図の上側が緑区。

が集中して立地しています。つまり、横浜市の旭区と緑区（一九六九年以前は保土ケ谷区と港北区）の境界付近の丘陵地帯は、集合住宅団地が集まる、横浜市内有数のいわば「団地銀座」となりました（図4-2）。

例えば、前章で触れた県営の千丸台団地（一九六四年入居開始）や、同じく県営の笹山団地（一九六七年入居開始）は、

現・保土ケ谷区に含まれますが、相鉄と横浜線にはさまれた位置にあります。一方、二俣川駅の南東約二キロの一帯に建設され、一九六八（昭和四三）年に入居を開始した住宅公団の左近山団地は、横浜市内屈指の約五〇〇〇戸の規模を誇ります。

また、鶴ヶ峰駅と横浜線中山駅の中間で、一九六九（昭和四四）年に入居を開始した横浜市営のひかりが丘団地（旭区）、西谷駅と横浜線鴨居駅の中間で、一九七〇（昭和四五）年に入居を開始した県住宅供給公社の竹山団地（緑区）、三ツ境駅と横浜線十日市場駅の中間で、一九七九（昭和五四）年に入居を開始した同じく県公社の若葉台団地（旭区）など、区境の丘陵に建設された住宅団地は枚挙にいとまありません。

これら団地は、ほとんどが鉄道の駅から離れており、路線バスの利用が欠かせません。特に初期に建設されたものは、鉄道のアクセスを考慮する間もなく造成された場合が多いと思われます。それでも「団地銀座」の形成は、相鉄が自社で造成した住宅地とともに、

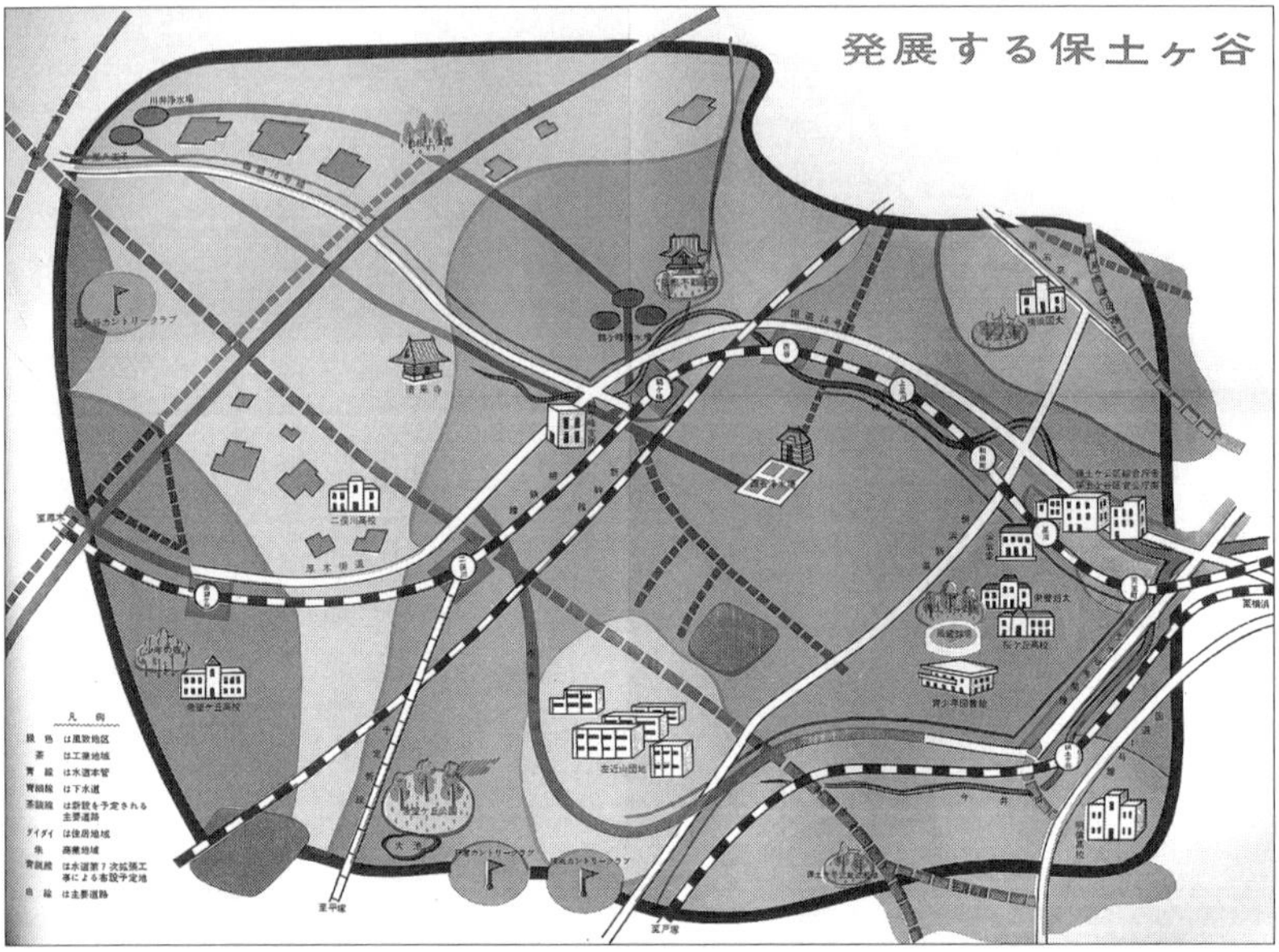

図 4-3 「発展する保土ヶ谷」
『ほどがや区制施行 40 周年記念区勢概要』横浜市保土ケ谷区役所（1967 年）付図
＊図左上から右下へ、区域を貫く太い破線が保土ヶ谷バイパス（計画中）。

相鉄沿線の人口と利用者数を大きく増やしていきました。

一九六〇年代前半（昭和三〇年代後半）、相鉄の路線に沿った保土ケ谷区をはじめ、港北区、戸塚区の横浜市郊外の各区では、五年間で人口が一・五倍以上に増える、未曾有の人口増加に見舞われます。一九六九（昭和四四）年、この人口の急増を受けて行政区は再編され、港北区から緑区が、南区から港南区が、戸塚区から瀬谷区が分立します。そして、すでに述べた通り、保土ケ谷区からは旭区が分立しました。一九六〇年代後半（昭和四〇年代前半）には、新設された緑区の五年間の人口増加率は二〇〇％を上回り、旭区も一八〇％近くに達しました。図4-3は旭区の分離する直前の、最も多くの人口を抱えた時期の保土ケ谷区を描いたイラストマップです。

沿線開発の進展と居住人口の増加、利用客の増加を受け、車両の長編成化や線路の複線化が進められたことは序章で述べましたが、保土ケ谷区や旭区の各駅は改良工事が進められました。一九六二（昭和三七）年五月、まず鶴ヶ峰駅が橋上駅に建て替えられます。イラストマップにもある通り、道路の要地である鶴ヶ峰地区には、保土ケ谷区役所の鶴ヶ峰支所が置かれており、それが後に旭区役所となりました[8]。次に一九六四（昭和三九）年四月に二俣川駅が橋上駅となり、一九六六（昭和四一）年五月には西谷駅が橋上駅となりました。

相鉄タウン・二俣川の発展

沿線各地のうち、相模鉄道の拠点としての特性を最も強くしたのは、二俣川駅とその周辺でしょう。二俣川の街は、相鉄と深い関係にある旭区の中心地で、相鉄のお膝元と言ってもよいと思います。

相模鉄道に初めて登場した優等列車の準急（一九五七年運転開始）は、横浜～希望ヶ丘駅間が無停車で、二俣川駅には停車しませんでした。しかし、一九六〇（昭和三五）年一一月に登場したサービス列車の「おかいもの電車」は、準急停車駅と二俣川駅に停車しました。そして、一九六四（昭和三九）年四月、二俣川駅が橋上駅化されるとともに、準急の停車駅に加えられます。準急は同年中に「急行」に改められます。

その後、三〇年以上にわたって、横浜駅と二俣川駅以遠の各駅に停車する急行電車と、各駅停車の電車の二本立てのダイヤとなり、二俣川駅は急行・各停の乗換え駅の役割を果たします。

かつては神中鉄道の暫定的な起点駅として開業し、電化に際しては電圧の関係で運行が分断され、電圧の異なる電車の乗り換え駅になった時期もありました。昭和初期までに成立した横浜の旧市域と、その後に成立した新市域とのほぼ境界付近に位置し、相鉄本線の近郊区間と遠郊区間の分界点に位置づけられたのが、二俣川駅なのです。一九六九（昭和四四）年度に一日あたりの乗降客数が三ツ境駅を抜き、横浜市内の相鉄各駅（横浜駅を除く）で最多となりました。翌年度に五万人を上回ります。そして、一九七〇年代後半には新線の分岐点となります。

二俣川駅は一九六〇年代以降、大規模団地を周辺に複数、抱えるようになりました。先に述べた相模鉄道や住宅公団が手がけた住宅団地だけでなく、北方の丘陵の一帯（現・旭区中沢）には東急電鉄により二俣川ニュータウンが一九六七（昭和四二）年より造成されました。また、ニュータウンに近接する現・旭区中尾には一九六三（昭和三八）年、神奈川県警察の自動車運転免許試験場（現・運転免許センター）が先に完成しています。それまで神奈川区六角橋にあった試験場から役割を引き継ぎました。「二俣川」の名は運転免許試験場の最寄り駅として、神奈川県民の誰もが知るものとなっていきます。厚木街道（神奈川県道四〇号）の通過する駅北口には、一九七〇年代より二俣川銀座と呼ばれる商店街が形成されていきました。

一方、駅の南口は高台が迫っていましたが、一九七〇（昭和四五）年九月、駅ビルがショッピングセンター「グリーングリーン」として開業します。その地下一階が橋上駅である駅舎の改札階に相当しました。中核の店舗となったのは、スーパーマーケットの相鉄ストア（現・相鉄ローゼン）です(9)。

そして、二俣川の街は、旭区役所のある鶴ヶ峰地区と一体化したかたちで、横浜市が一九九四（平成六）年に策定した都市づくりの総合計画「ゆめはま２０１０プラン」において、横浜の副都心に位置づけられました。鶴見、戸塚、上大岡、港北ニュータウンの各地区と肩を並べたのです。それに連動して、駅北口には、公共施設とバスターミナル、商業施設の入る複合型の駅ビルが「相鉄ライフ」として一九九〇（平成二）年七月に完成し、また、二俣川名店街センターなどのあった場所に再開発ビルの「アルコット二俣川」が一九九六（平成八）年四月に竣工しました(10)。

ところで、先述の運転免許センターの近隣には、神奈川県立公文書館があります。公文書館は一九九三（平成五）年に開館しました。また、万騎が原団地に隣接して大池公園

（こども自然公園）が広がります。（二俣川）大池は戦前の神中鉄道の時代には、ピクニックや魚釣りの場として沿線案内に紹介されていました。戦後、相模鉄道は万騎が原地区に続けて、大池周辺の土地も買収し、住宅地として分譲する計画を進めていましたが、一九六八（昭和四三）年、横浜市に無償で譲渡。都市公園として整備されることになります。そして、一九七二（昭和四七）年にこども自然公園が開園しました。

さらに鶴ヶ峰駅の北、旭区と緑区の区境付近には、一九九九（平成一一）年に開園した横浜市立のよこはま動物園ズーラシアがあります。鶴ヶ峰駅とともに三ツ境駅、ＪＲの中山駅がズーラシアへ向かうバスの発着地になっています。

このように、二俣川を中心とする保土ケ谷区から旭区にかけての相鉄沿線の丘陵地には、前章で触れた保土ヶ谷球場や横浜国立大学、西谷浄水場も含め、横浜という都市が誇るべきユニークな施設がいくつも集まり立地しているのです。

【註】

(1)神中鉄道の沿線案内図には他に、第六章で紹介する「神中鉄道　線路案内」（一九二九年頃）や図4-1の「神中線御案内」（一九三五年頃）などがあります。いずれも神中鉄道株式会社の発行です。

(2)二俣下川駅は、保土ケ谷区内の新川島駅とともに、戦争末期の一九四四（昭和一九）年に営業が休止され、戦後、そのまま再開させることなく、一九六〇（昭和三五）年八月に廃止されました。現在の高梨乳業の付近で、鶴ヶ峰五号踏切の脇にありました。

(3)一九三五（昭和一〇）年頃に神中鉄道が発行した「住宅向貸地案内」というパンフレットには、場所は「横浜市保土ヶ谷区川島町当社鶴ヶ峰停留所ヨリ都筑郡二俣川村当社二俣下川停留所ニ至ル附近一帯」とし、「宅地百坪一ヶ月金二円二、三十銭程度」で、「御契約ノ日ヨリ六ヶ月以内ニ家屋建築ノ上御住居ノ方ニハ一家族ニ付御一名ノ当社線優待乗車証ヲ一ヶ年間贈呈致シマス」とあります。

(4)ただし、当時の土地台帳や付属地図（公図）、「土地宝典」などの資料において、鶴ヶ峰駅もしくは二俣下川駅の付近で、神中鉄道の所有地は鉄道用地以外に確認することができません。神中鉄道が経営するという住宅地がどこにあったのかなど、詳細は不明です。

(5)鶴ヶ峰バスターミナルは一九九一（平成三）年九月に完成し、相鉄バスと神奈中バス、横浜市営バスが乗り入れています。なお、それ以前は各社のバス停は分散しており、相鉄バスの発着場は鶴ヶ峰商店街の裏手にありました。

(6)当該地区の土地台帳および付属地図（公図）、三浦展「戸塚・白幡丘・妙蓮寺・鶴ヶ峰　戦前の横浜を代表する景観の良い住宅地」（https://www.homes.co.jp/cont/press/rent/rent_01003/、二〇二三年一二月閲覧）などより。

(7)三つの村に加えて、鎌倉郡二ツ橋村（後の鎌倉郡瀬谷村二ツ橋）も、この付近で境を接していました。

(8)東海道の旧・保土ヶ谷宿付近（保土ヶ谷字元町）が起点だった厚木街道のルートが、一九三六（昭和一一）年に変更され、鶴ヶ峰地区で八王子街道（国道一六号）より分岐する、現在の神奈川県道四〇号と同じルートになりました。それにより鶴ヶ峰地区は、道路交通の拠点性を高めました。

(9)相鉄ストアは三ツ境駅北口に一号店を一九六三（昭和三八）年一一月に開店し、沿線の各地に店舗を展開していきました。相鉄ストアは一九八二（昭和五七）年に相高ストア（相鉄と髙島屋の共同出資）を吸収し、「相鉄ローゼン」となります。三ツ境駅北口には一九八六（昭和六一）年一〇月、相鉄ローゼンが中核店舗として入る駅ビル「相鉄ライフ」がオープンしました。

(10)二俣川駅の南口も二〇一〇年代に再開発が進められ、グリーングリーンに代わって、商業施設の「ジョイナステラス」が二〇一八（平成三〇）年四月に開業しています。

第五章　養蚕地、軍都と鉄道の発展

【三ツ境〜瀬谷〜大和〜かしわ台】

相模野台地と瀬谷・大和

横浜駅より帷子川沿いの低地を走る相模鉄道の線路は、西谷駅付近より多摩丘陵にさしかかります。そして、三ツ境駅付近で標高は約八〇メートルに達し最も高くなります。三ツ境駅を過ぎると、相模川が形成した河岸段丘の相模野（相模原）台地を横断し、相模川沿岸の終点・海老名駅に向かってだんだんと標高が下がっていきます。

地形の境目にある三ツ境駅付近には、横浜市旭区と瀬谷区の境界が通っています。これはかつての武蔵国（都筑郡）と相模国（鎌倉郡）の国境でした。この相武国境から二・五キロほど西に、小規模の河川の境川が、大河の相模川とほぼ並行して南北に流れています。境川はこの付近では、横浜市瀬谷区と大和市の境界をなしており、かつては鎌倉郡（瀬谷村）と高座郡（大和村）の郡境をなしていました。

明治・大正時代、日本で最大の輸出品は生糸でした。生糸を製造するための製糸工場が各地に立地し、その原料となる蚕のまゆを生産する養蚕農業が全国で盛んになりました。特に東日本の丘陵や台地は、蚕のえさとなる桑の畑が広がるのが一般的な景観となり、この鎌倉郡や高座郡の相模野台地もその例にもれませんでした。

鎌倉郡瀬谷村は、一八八九（明治二二）年の町村制とともに、瀬谷と二ツ橋などの自然村（江戸時代の村）が合併して成立した行政村です。合併前の瀬谷村、つまり、合併後の瀬谷村大字瀬谷は、さらに上瀬谷、中屋敷、本郷、相沢などの、散在する比較的に規模の大きな集落（小字）に分かれます。有力な「瀬谷」の村名が、合併後の広域の村名にも採用されたと思われます。なお、瀬谷村の村域を中原街道（現・神奈川県道四五号）が通過しており、二ツ橋はその沿道に発達した村落でした。

一方、境川をはさんで瀬谷村にぴったりと接していたのが、高座郡大和村でした。瀬谷村と大和村のいずれも、南北に細長い村域を有していました。大和村は、下鶴間や深見、上・下草柳などの自然村が合併し、いったん鶴見村として成立しましたが、その直後の一八九一（明治二四）年に改称して生まれました。「鶴見」は鶴間と深見の合成地名ですが、神奈川県内に同じ地名があるため、「大きく和する」という意味の「大和」に改称されたのです。

いずれも明治時代以後、多摩丘陵から相模野台地に広がる養蚕地帯の一角となります。

瀬谷村で発足した神中鉄道

とりわけ現在の瀬谷区のエリアには、川口製糸（本郷館）を筆頭に守屋製糸、改良社など、多くの製糸工場が立地しました。そして、それら製糸工場や養蚕農家に資金を融通する瀬谷銀行が一九〇七（明治四〇）年、瀬谷村の中屋敷地区に設立されます。まさに「蚕の銀行」だった瀬谷銀行は拡張を重ね、大正時代には保土ヶ谷や厚木、原町田、中山、橋本などに支店を出店しています。神奈川県東部の農山村地域の産業振興に寄与しました。

神中軌道（後の神中鉄道）は一九一五（大正四）年六月、平沼淑蔵ら二三名の発起人によって軌道の敷設が申請され、一九一六（大正五）年八月に特許を取得しました。東海道本線の程ヶ谷駅付近から、橘樹郡や都筑郡、鎌倉郡、高座郡を経て厚木町の周辺までを結ぼうとする蒸気軌道（道路上を走る小型の蒸気機関車けん引列車）で、瀬谷村や大和村はもちろん、沿線の村々の農業や工業の発展に大きく貢献することが期待されました。

この神中軌道の初代の社長となったのが、瀬谷銀行を設立し頭取の地位にあった小島政五郎です。彼の邸宅は銀行を兼ねていましたが、一九一七（大正六）年一二月、同じく中屋敷地区にあった小島家の分家で、弟の小島政八の邸宅にて、神中軌道株式会社の創立総会が開かれました。ここに現在の相鉄の元祖が誕生します。その発祥ゆかりの地こそ、当時、地域の産業振興の要地だった瀬谷であると言ってよいでしょう。

その後の神中軌道、改め神中鉄道の着工に至る経緯は、先の章で述べた通りですが、瀬谷村と大和村とで駅の立地の優劣を比べた、ユニークな資料が残されています。図5-1は着工の一九二四（大正一三）年に作成されたとされる、「瀬谷停車場設置要望略図」と題した孔版の印刷物です。

ここでは瀬谷と大和の一方のみに駅を設置した場合と、両方に設置した場合の利用者数の比較が、駅勢圏になると想定される範囲の戸数をもとに行われています。図中には大和村（境川の右岸）よりも瀬谷村（左岸）に多くの集落があり、多くの戸数があったことが

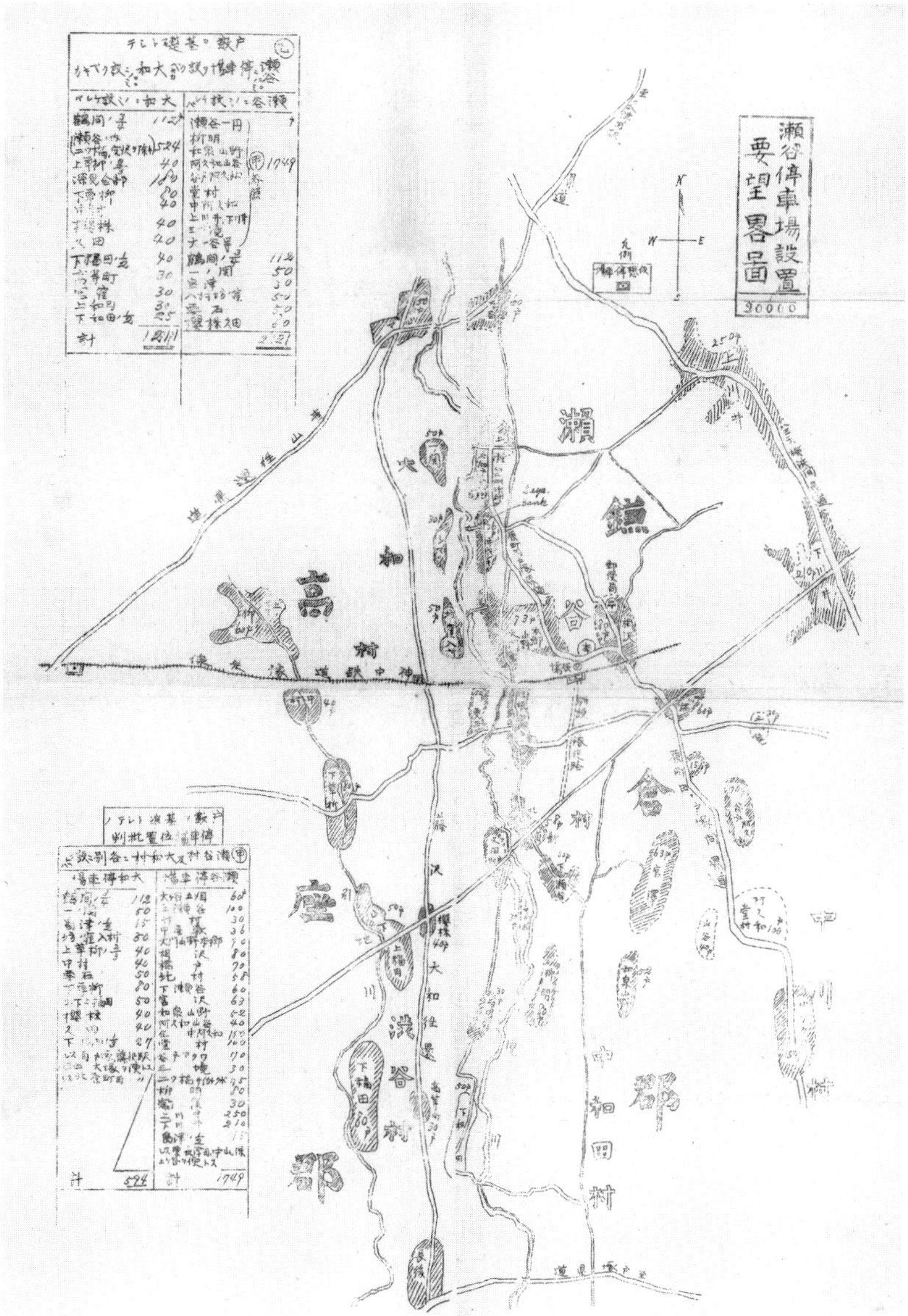

図 5-1　「瀬谷停車場設置要望略図」
1924（大正 13）年、横浜開港資料館所蔵

図 5-2　相模野を走る神中鉄道の蒸気列車
『神中鉄道案内』神中鉄道株式会社（1927 年）挿入写真

示されています。瀬谷村にのみ設置された場合、その利用戸数は二一二一戸、大和村にのみ設置された場合は一二一一戸、そして、両村に駅が設置された場合の利用戸数は瀬谷駅が一七四九戸、大和駅が五九四戸と想定されていました。

瀬谷村に駅が設置されないことはありえないと思いますが、結局、瀬谷村には二ツ橋（停留場）、瀬谷の二駅が、大和村には大和駅が、一九二六（大正一五）年五月、開通とともに設置されました。二ツ橋駅は瀬谷村二ツ橋の、中原街道との交差部に設けられ、瀬谷駅は、瀬谷村内の相沢や本郷などの集落の中間地帯で、桑畑の中に設けられました。ただし、村役場のすぐ近くに位置しました。

そんな瀬谷駅の駅前（南口）には、昭和初期より住宅地が開発されたようです。口絵では、瀬谷駅の下に「住宅地」が描かれています。一九三〇（昭和五）年、横浜貿易新報社の主催で「県下新住宅地十佳選」、つまり神奈川県内の住宅地のベスト一〇を読者投票で決めるイベントが行われました。その結果、第一位は「神奈川　白幡丘住宅地」、第二位は「相模線神中線小田急線　厚木」が選ばれ、第一〇位は同数で「横浜線　橋本駅附近」と「神中線　瀬谷駅附近」が選ばれたことが、同紙で報じられています[1]。第二位の「厚木」が海老名村の厚木駅付近を指しているのか、厚木町を指しているのか不明ですが、それを除くと神中鉄道の沿線では、この瀬谷住宅地が唯一の選出でした。駅前にはその年、「県下新住宅地十佳選当選記念　瀬谷住宅地　横浜貿易新報社」と刻まれた石碑も設置されました（一九八七年、瀬谷地区センターに移設）。

小田急江ノ島線との交差

一方の大和駅も、瀬谷駅と同様に、大和村にあった複数の集落を外れた立地が選ばれました。もっとも大和駅の場合は、村役場からも離れ、完全に桑畑の真ん中の駅でした。駅と役場のいずれも、村域内の集落間のバランスを取って、集落と集落の間に設けられていたのです[2]。

一九二九（昭和四）年四月、小田原急行鉄道の支線である江ノ島線（大野信号所〜片瀬江ノ島駅）が開通しました。江ノ島線は高座郡大和村で神中鉄道と交差します。小田原急行鉄道は、神中鉄道の大和駅から西に約三〇〇メートル離れた、やはり桑畑の中に西大和駅を設けました。神中鉄道の大和駅があったのは、現在の大和市文化創造拠点「シリウス」の付近で、西大和駅が置かれたのが現在の大和駅の位置です。新興企業だった当時の私鉄は、乗客の流出を防ぐため、相互の連絡に消極的でした。ここでもその例にもれず、両社の乗り換えの便は悪く、桑畑の中を徒歩での移動を強いられました。

こうした私鉄間の連絡が改善されていくのは、戦時中においてです。それは効率的な鉄道の運営を求める軍部や行政の要望による結果でした。例えば、次章で触れる海老名駅の新設や厚木駅の統合がそうですが、大和駅の統合もその一例です。神中鉄道が相模鉄道となった後の一九四四（昭和一九）年六月、その大和駅は西へ約三〇〇メートルずれ、小田急江ノ島線との交差部に移動しました。そして、小田急の西大和駅は大和駅と名を改めました。駅舎は別々ですが、両線の乗り換えが簡単な、単一と見なしてよい大和駅が誕生します。

海軍施設の立地と神中鉄道

では、そんな戦時中の神中鉄道、および小田原急行鉄道について見ていきます。両社はいずれも、両端に東京・横浜の大都市と、砂利の宝庫の相模川、観光地の箱根や江ノ島、大山などを抱えていましたが、途中の通過区間である神奈川県土のほとんどは、まだ人口のまばらな農村地帯でした。社会全体の経済状況も不景気に沈み、両社の経営は一九三〇年代を通じ、苦境を強いられました。

それを打開したのは、戦時体制が進行し、神奈川県中央部の相模野台地に軍事施設が集中して建設されたことでした。一九三七（昭和一二）年、市ヶ谷台（東京市）にあった陸軍士官学校が現在の相武台へ移設されたのを皮切りに、造兵廠、通信学校、病院などの陸軍の施設が小田原急行鉄道や国有鉄道の横浜線の沿線に次々と立地しました。一九四一（昭和一六）年には軍事都市の建設を目的に、大野村や相原村、上溝町、座間町など八町村が合併して高座郡相模原町(3)が成立しました。

一方、神中鉄道の沿線には、主に海軍の施設が立地します。大和村は相模原町への編入に加わりませんでしたが、綾瀬村とにかけての一帯に海軍の飛行場の建設が進められていました。竣工した飛行場には一九四二（昭和一七）年一一月、相模野海軍航空隊が置かれました。そして、翌年四月、ここに厚木航空隊が開隊。いわゆる厚木飛行場はこの時から始まります。名称が「大和飛行場」とならず、五キロ以上西に位置する「厚木」の名を採用したのは、戦艦大和あるいは大和国（奈良県）との混乱を避けるためなど、諸説ありますが、やはり当時、厚木町が高座郡北部から愛甲郡にかけて、神奈川県中央部の中心的な都市だったからと思われます。

一九四四（昭和一九）年には厚木飛行場の北方の、現在の座間市内ですが、相模大塚駅の北側に高座海軍工廠も設けられました。また、同じく戦争末期、瀬谷地区には海軍の倉

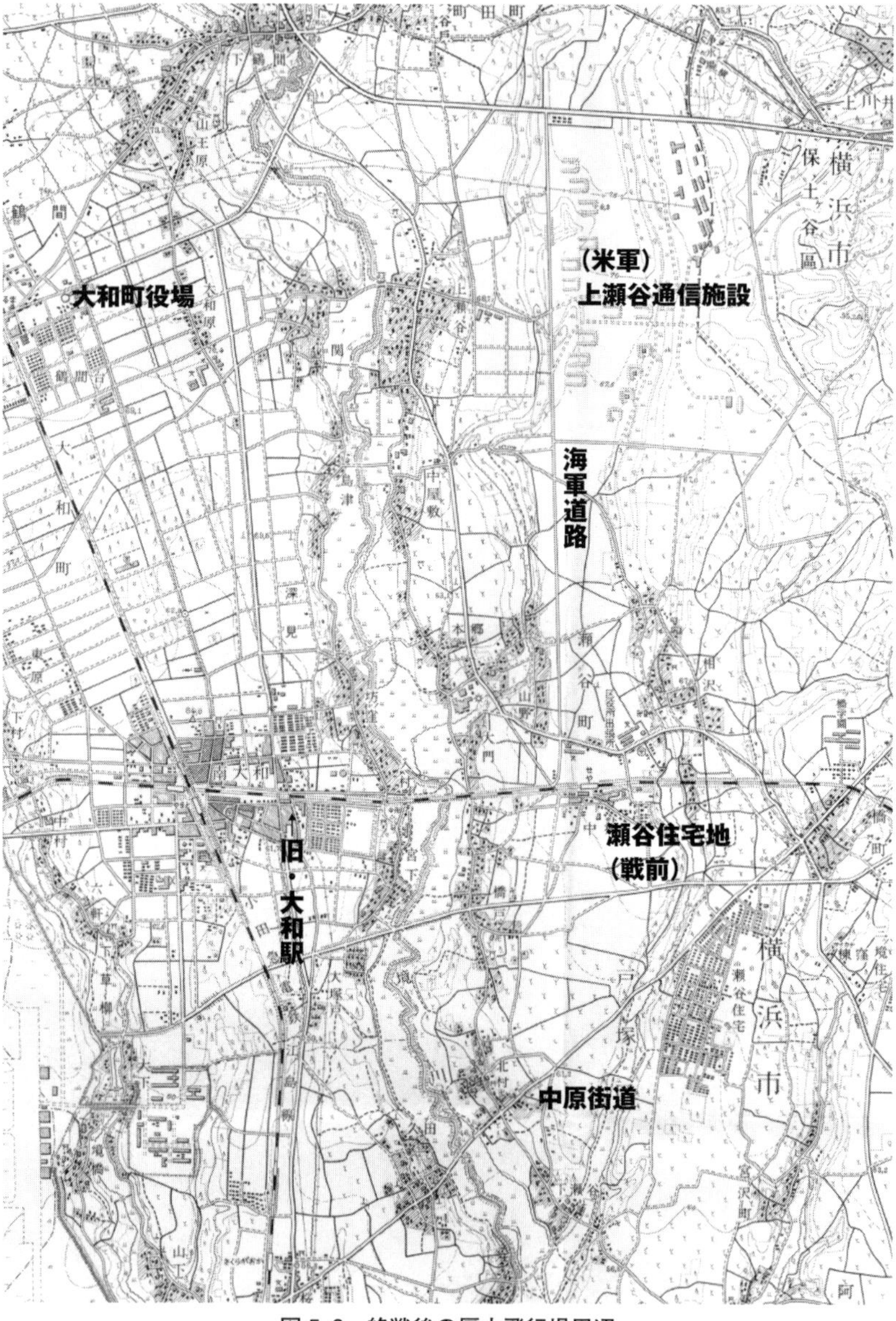

図 5-3　終戦後の厚木飛行場周辺
基図：2 万 5 千分 1 地形図「座間」（1954 年）

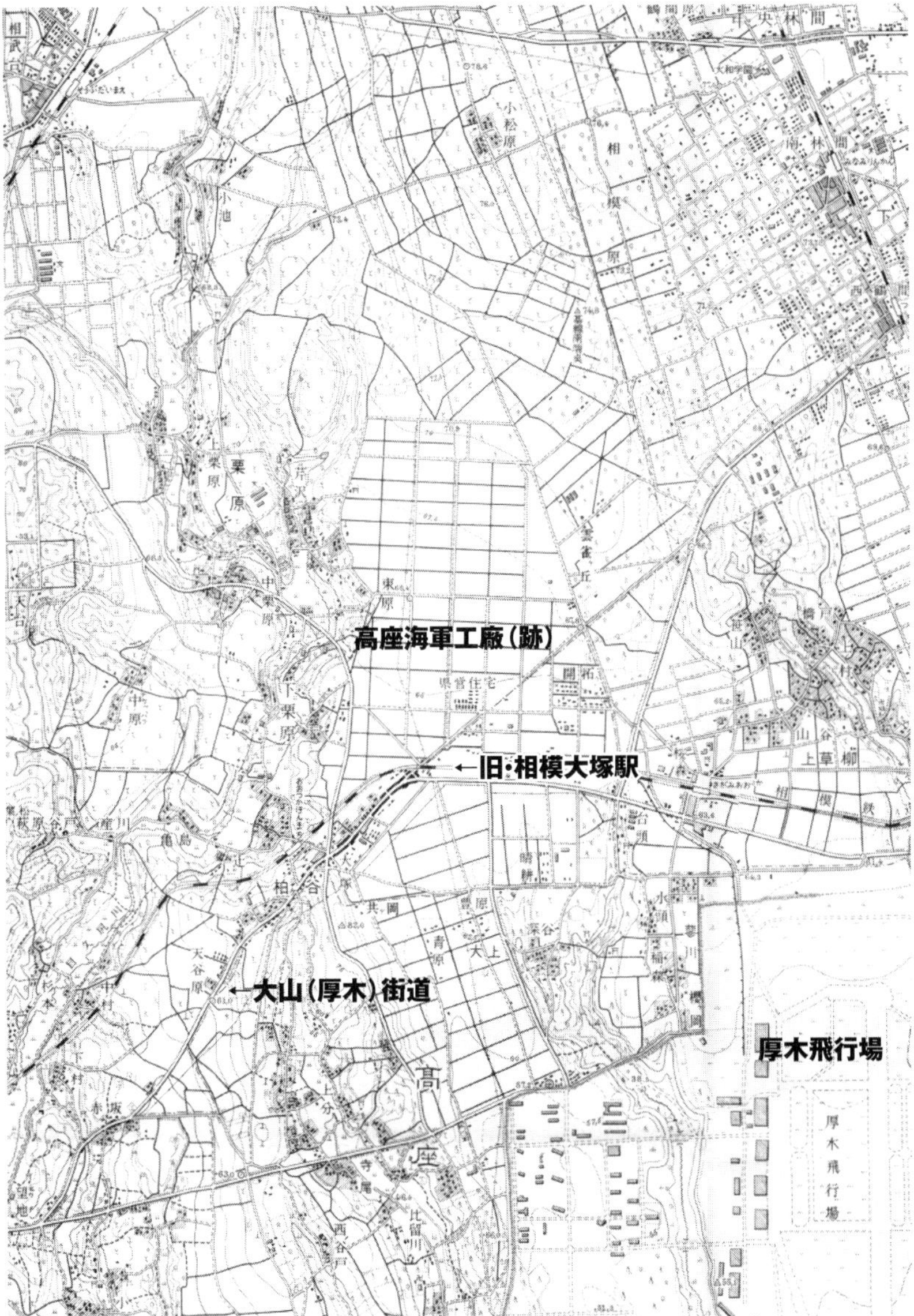
高座海軍工廠（跡）
←旧・相模大塚駅
←大山（厚木）街道
厚木飛行場

庫や火薬庫が置かれました（海軍施設部倉庫、海軍軍需部火薬庫、海軍航空廠補給工場など）。なお、鎌倉郡瀬谷村は一九三九（昭和一四）年、同郡戸塚町などともに横浜市に編入され、横浜市戸塚区瀬谷町となっていました[4]。

この施設は戦後、米軍に接収され、上瀬谷通信施設として知られることになります[5]。瀬谷駅付近からこの施設へ伸びていた軍用の道路と引き込み線の跡地は、後に横浜市の都市計画道路の環状四号線の一部として整備され、特にこの区間は「海軍道路」と呼ばれる、桜の並木道となります（図5-3）。

ともあれ、こうした軍事施設の立地によって、小田急電鉄も神中鉄道も大きく乗客数を伸ばしました。軍事物資等の貨物輸送が飛躍的に増大し、さらにそれらの施設へ多くの人が通勤し、あるいは動員されたからです。そのため、非電化単線で設備の貧弱だった神中鉄道は、設備の改善が急務となっていきます。その一方で、気動車の燃料となるガソリンの入手は困難になっていました。

そこで、すでに東京横浜電鉄の傘下にあったため、同社より中古資材の供給を受け、一九四二（昭和一七）年六月にまず横浜市内の横浜～西谷駅間の電化を実現し、電車の運転を開始します。そして、相模鉄道に統合された一九四三（昭和一八）年の八月に電化区間を二俣川駅まで延長します。一方、終点側も同年一二月に相模大塚～海老名駅間、一九四四（昭和一九）年九月、二俣川～相模大塚駅が電化されました。ただし、戦争末期にあって調達できる資材が制限され、二俣川駅を境に東側が電圧六〇〇ボルト（東横線と同じ）、西側が一五〇〇ボルト（小田急と同じ）となってしまい、直通運転ができませんでした。その統一は戦後に持ち越されます。なお、複線化には着手することができず、やはり戦後に持ち越されます。

中心商店街化する大和駅周辺

海軍の厚木基地は終戦後、連合国軍（米軍）によって接収されます。一九四五（昭和二〇）年八月三〇日、連合国軍最高司令官となったダグラス・マッカーサーが、まずこの飛行場から日本に降り立ったことはあまりに有名です。マッカーサーは長後街道（当時の呼称は「厚木街道」）。現・神奈川県道二二号）と東海道（国道一号）を通って、自動車でホテルニューグランド（横浜市）へ向かいました。

戦時中の一九四三（昭和一八）年に大和村は大和町となり、桑畑だった大和駅の周辺は、現在の銀座通りのある一角など、南口駅前から少しずつ集落が形成されます。終戦後、厚木飛行場に米軍の基地が設けられると、滞在するアメリカ軍兵士などに向けて、飲食店街や商店街、歓楽街が駅周辺に形成されていきます。特に朝鮮戦争（一九五〇～一九五三年）が始まり、多くの兵士が基地にやって来ると、それは顕著になり、大和は「基地のまち」と化していきました。

一九五八（昭和三三）年六月、相模鉄道の大和駅の駅舎が放火による火災で全焼します。相鉄の大和駅ホームは島式で地上にあり（一面二線）、その上を小田急の線路が盛り土でまたぎ、相鉄の線路の南側に高架ホームを対面式で設けていました（二面二線）。両社の駅舎は別々で、十字に交差する両社の線路の南東側に小田急の駅舎があり、相鉄の駅舎は、当時の上空写真などによると、ホーム上の東端にあったようです。木造の三階建てで、北口と南口から階段で上ると改札口がありました。高度成長期に次々と整備された跨線橋式の橋上駅舎とは異なるのですが、橋上駅舎に近い構造でした。

相鉄の大和駅の再建は、翌年から工事が始まります。相鉄ホームから、高架上の小田急ホームへの連絡跨線橋を設けるなどし、一九五九（昭和三四）年七月、両社の十字交差の北東側に鉄骨造りの駅ビルを竣工させました。駅ビルにはスーパーの相高ストア（相模鉄道と高島屋の共同出資。現・相鉄ローゼン）が入居し、相鉄ホームの東端に地下の改札口が設置されました。この時から、大和駅は相鉄と小田急の共同使用駅となります[6]。

また、同じく一九五九（昭和三四）年、大和市が成立します。そもそも大和町には、村制の頃より核となる中心的な集落がありませんでした。しかし、一九六〇年代には、下鶴間地区や深見地区の台地上に工場の立地が進み、市の人口が、隣接する座間町などとともに激しく増加すると、大和駅の南口の銀座通りや北口の中央通り、新橋通りなど、大和駅前に立地する商店街が、他から抜きん出てにぎわうようになっていきます。一部に米兵相手に始まった飲食店街・歓楽街も裏通りに残しながら、大和駅周辺（大和市の大和南、大和東、中央）は大和市を代表する中心商業地区、および中枢業務地区として急速に発達しました。

ただし、地上を走る相鉄の線路が、南北の人の流れを分断し、商店街の発達に大きなネックでした。また、踏切が交通渋滞の要因にもなっていました。一九八〇年代後半より、相模鉄道の大和駅周辺連続立体交差化事業と、小田急電鉄の大和駅改良事業、駅前広場や歩行者専用道の整備事業が進められます。駅ビルや西口駅舎は撤去され、一九九三（平成五）年八月、地下に相鉄の新駅が完成します。そして、一九九四（平成六）年一一月、小田急の線路は盛り土から高架橋に変わり、ホームも二面四線に改造されました。

相鉄のホームや線路の跡地は現在、プロムナード（遊歩道）や広場として整備されています。その東側は、図書館等の入る大和市の文化創造拠点シリウスに通じるため、「図書館の道」「シリウス広場」の愛称が付されています。西側は、女子サッカーの日本代表に大和市ゆかりの選手が複数いたことにちなんで、「大和なでしこ広場」「なでしこの道」の愛称が付されています。

「基地のまち」大和の大塚

しかし、大和駅よりも厚木飛行場に近く、米兵向けの歓楽街に特化してにぎわったのが、同じ大和市内の相模大塚駅の駅前（南口）でした。

相模大塚駅は一九四三（昭和一八）年頃、開場した海軍の厚木飛行場や高座海軍工廠の最寄り駅として、現・海老名市内から、ほぼ現在と同じ位置に移設されました。駅付近からは飛行場と工廠のそれぞれへ、軍用の引き込み線が敷かれました。戦時下で軍事に関わる事柄のためでしょう、正確な移設の時期は不明です。

戦後、駅周辺に日本人の居住する集落が全くなかったため、飛行場が米軍のキャンプ地となり、朝鮮戦争が始まると、駅前にはアメリカ軍兵士向けの商店や飲食店、とりわけ女性の接待等をともなう飲食店が、大和駅以上に数多く集まりました。そのにぎわいは、朝鮮戦争が終わるとやや衰えますが、ベトナム戦争の終わる一九七〇年代まで続きます。

当時の大和駅、そして相模大塚駅の周辺の様子について、それがよくわかる史料を紹介しておきます。「完全な横文字の町」と題するこの文章は、大和町の一九五五（昭和三〇）年頃の様子をまとめたルポルタージュです。

まず敗戦前の大和の町と駅について、「かつて昭和二〇年八月、終戦の前夜には茫々たる草原であった大和町。典型的なローカル線であった現在の相模鉄道（俗に神中線）が、薄よごれた客車で単線路をガタガタと走っていた。〔中略〕大和駅の周辺には、人家らしい人家は一戸も見当らず、僅かにこの駅で交錯する小田急からの乗降客をひろってゆくのがせいぜい」(7)だったと述べています。

しかし、敗戦後、基地経済に依存して、大和町は大きく発展します。そんな大和の町の消費と流通は「外国人相手の売笑《ママ》婦俗に洋パンパン層がその主体をなし、その周辺に各商店が出来上がっている」とし、「対象になる外人は、全て厚木飛行場に勤務する兵隊達となっているので、その分布状態をみると〔中略〕やはり飛行場に隣接する相模大塚が〝本命地〟をなしている。即ち、いわゆる特飲店（カフェー）は現在約六〇〇軒あって〔中略〕相模大塚の女性は三〇〇人、次は南大和、即ち神中線の大和駅の周辺で、ここは約二〇軒で〔中略〕一〇〇名」[8]がいると記録しています。

生き残った「大塚」の地名

ところで、そもそも神中鉄道が一九二六（大正一五）年五月、相模大塚という名の駅を開業したのは、高座郡海老名村の柏ヶ谷の集落の外れで、大山街道との踏切付近でした。現在の大和市ではなく、海老名市です。

「大塚」は付近の小地名です。大山街道（矢倉沢往還）には江戸時代、長津田を過ぎると、下鶴間、国分、厚木の順に宿場（人馬の継立場）がありました。それ以外に、公式の宿場ではありませんが、下鶴間宿と国分宿の間の柏ヶ谷村に、大塚宿と呼ばれる旅宿の密集地があり、大山への参詣客などでにぎわったということです[9]。

先述の通り、相模大塚駅が厚木飛行場の付近の、ほぼ現在地に移転すると、海老名町の柏ヶ谷地区には一九四六（昭和二一）年三月、代わって大塚本町駅が設置されます（ただし、開業後一カ月間のみ名称は柏ヶ谷駅）。大塚本町駅は柏ヶ谷地区の地元駅として機能しましたが、周辺の一帯の住宅地化や工場の立地が大きく進んだことを受けて、一九七五（昭和五〇）年八月、この駅の海老名駅側にかしわ台駅、相模大塚駅側にさがみ野駅が新しく開業しました。

それによって、大塚本町駅は実質的に廃止されますが、名目上は大塚本町駅を移転して、さがみ野駅に改称したという取り扱いになっています。距離は一キロ近く離れています。なお、さがみ野駅の北口には一九八〇（昭和五五）年一一月、相鉄ストアを核とする商業ビル「相鉄ライフ」が開業します(10)。

逆にかしわ台駅とは三〇〇メートルほどの距離しかなく、地元の要望もあり、大塚本町駅の旧駅舎がかしわ台駅の東口駅舎として存続することになりました。ホームから東口駅舎までは、線路沿いのホーム跡などの通路をしばらく歩きます。かしわ台駅の東口付近では、今も郵便局や交差点の名称に「大塚本町」という呼称が用いられています。

海老名市の柏ヶ谷地区の小地名に由来する「大塚」は、実は正式な地名として採用されたことは一度もありません。しかし、旧版の官製地形図には欠かさず明記されています。そして、郵便局や交差点の他、本来の場所から離れた隣りの大和市桜森において、「相模大塚」という駅の名として使用され続けているのです。

【註】

(1)『横浜貿易新報』一九三〇（昭和五）年五月一七日付より。ちなみに、第三位は「東海道戸塚町　東明住宅地」、第四位は「横浜線《ママ》　上溝町横山」、第五位は「神奈川　妙蓮寺前」、第六位は「東海道　茅ヶ崎海岸」、第七位は「戸塚町在　秋葉住宅地」、第八位は「東海道　平塚海岸」、第九位は「小田急線　鶴巻温泉」。

(2)大和村の村役場は、下鶴間地区の集落から南へ約一・五キロ外れた桑畑の、県道（藤沢街道）沿いにありました。大和駅から北へ二キロの位置です。昭和初期に江ノ島線の鶴間駅が付近に設けられると、大和町の町役場は駅寄りに移動し、周辺の市街地化が進んでいきます（大和町鶴間台。現・大和市鶴間）。現在の大和市役所はそこから南東へ約五〇〇メートル移動し、大和市下鶴間一丁目にあります。

(3)戦後の一九四八（昭和二三）年、座間町は相模原町から分立します。また、一九五四（昭和二九）年、市制を施行し相模原市が誕生しました。

(4)戦後の高度成長期の一九六九（昭和四四）年、戸塚区より瀬谷区が分離します。その範囲はかつての瀬谷村の全域と、旧・中川村の阿久和地区から成ります。現在の瀬谷区役所は瀬谷区二ツ橋町に置かれ、最寄りの三ツ境駅が実質的に瀬谷区の中心的な駅になっています。

(5)上瀬谷通信施設の跡地は二〇一五（平成二七）年に日本に返還されました。その活用については現在も検討が重ねられています。検討事項には、瀬谷駅からの新しい交通機関の整備も含まれています。

(6)その後の乗降客の急増を受けて、一九七一（昭和四六）年一二月には、両線の十字交差の北西側に西口駅舎が設けられ、相鉄ホームの西側に跨線橋が設けられました。大和駅は非常に複雑な構造になります。
(7)『基地と社会福祉』(一九五六年)(『大和市史六　資料編　近現代 下』(一九九四年)所収)より。
(8)前掲に同じ。
(9)『角川日本地名大辞典一四　神奈川県』角川書店(一九八四年)より。
(10)現・さがみ野駅の北方に広がっていた高座海軍工廠の跡地(座間市)は、日本理研ゴム(後に岡本理研ゴム)や東芝機械(現・芝浦機械)などの工場用地、農地や住宅地として活用されました。ところで、さがみ野駅とかしわ台駅の付近は、海老名市と座間市の境界が複雑に入り組んでいます。いわゆる「昭和の大合併」が進められた一九五五(昭和三〇)年頃、大和町や綾瀬町、座間町、海老名町(いずれも現在は市)などの間では合併構想が進められ、「高座市」の誕生が期待されていましたが、実現しませんでした。

第六章　相模鉄道の発祥の地・海老名

【かしわ台～海老名、厚木】

注目される海老名の街

近年、「第二の武蔵小杉」とも呼ばれ、神奈川県で最も注目を集めるスポットの一つに、海老名の街があります。武蔵小杉駅の周辺は、東急の東横線が複々線化され、JR横須賀線の駅が設置されるのと連動して、二一世紀にはタワーマンションの林立する高層ビル街に変貌しました。海老名駅には相模鉄道と小田急電鉄、JR相模線の三つの路線が集まっています。駅前（東口）には、すでに二〇〇二（平成一四）年に「ビナウォーク」と呼ばれる大型の商業施設などが誕生していましたが、二〇一五（平成二七）年にJRの駅の西側で、全くの駅裏だった水田地帯に、三井系のショッピングセンター「ららぽーと海老名」が開業した頃を皮切りに、次々と新しい建物が誕生しました。

小田急電鉄は二〇一七（平成二九）年四月、自社とJR相模線の海老名駅の間の土地を「ビナガーデンズ」と名付け（町名は海老名市めぐみ町）、商業施設やタワーマンションを竣工させていきます。その隣接地に二〇二一（令和三）年四月、ロマンスカーミュージアムが開館しました。二〇二三（令和五）年には本社の一部をビナガーデンズに移していま す。また、JR相模線は国鉄時代、小田急の海老名駅の北西を素通りしていましたが、一九八七（昭和六二）年三月、JR化の直前に海老名駅を設置しました。今では相模線の途中駅で最も乗客の多い駅になっています。

一方、相模鉄道は二〇一九（令和元）年一一月にJR直通電車の運転を開始し、二〇二三（令和五）年三月には相鉄新横浜線を開通させて東急線と接続します。海老名駅と東京の都心や、副都心の渋谷・新宿・池袋とを直結させました。海老名駅の駅舎の改築も進行中です。

そもそも海老名市内には、相模鉄道と小田急電鉄、ＪＲ東日本の相模線の三つの鉄道路線が絡み合うように走っています。東名高速道路と首都圏中央連絡自動車道（圏央道）という高速道路（自動車専用道路）も海老名ジャンクションで交差します(1)。

海老名市のある神奈川県の県土は、横浜市の主な部分と川崎市を除くと、かつての相模国から成り立っています。相模国は、丹沢山地から流れ出て相模湾に注ぐ相模川と、その沿岸に展開する相模平野や相模野台地を中央部に抱え、東に三浦半島と多摩丘陵、西には足柄平野と箱根火山が控えています。

古代の律令時代に、この相模国の国分寺が置かれたのは、現在の海老名市域でした。「国分」の地名が今も残ります。古代の官道（陸路）が縦横に整備されたと想定され、またすぐ近くに水運の利用できる相模川が流れます。相模国の国府の所在地は不明ですが、国分寺の付近に置かれた時期があったと考えられています(2)。

つまり、海老名の地は相模国の中心に位置し、昔から変わらず交通路が交わる要の地だったと言えるでしょう。

厚木の町と鉄道

相模鉄道の前身は、その名を残した旧・相模鉄道と、線路と駅を残した神中鉄道の二つです。前者は創業の五年後に、後者は創業当初より海老名の地で営業を開始しており、海老名市は相模鉄道の発祥の地と言って過言でありません。市内には海老名駅の他、「厚木」と称する、小田急電鉄とJR相模線の乗り換え駅が別に存在しています。相模鉄道も、現在は列車を留置するために回送させるだけですが、厚木駅に乗り入れる線路を有しています。正確には、海老名駅ではなく、同じ市内にあるこの厚木駅こそ、相模鉄道の発祥と深く関わっているのです。

一九二六（大正一五）年、神中鉄道と相模鉄道の二つの鉄道が、厚木駅で接続することになります。五月に神中鉄道の二俣川～厚木駅間が開通し、七月に相模鉄道の茅ヶ崎～厚木駅間が全通しました。厚木駅の所在地は、当時の高座郡海老名村河原口（現・海老名市河原口）でした（図6-1）。

駅名に採用された「厚木」の名は、相模川をはさんでその対岸に位置する町の名です。左岸の海老名の国分寺周辺が農村に帰してしまったのに対し、近世以降、宿場や商業地として栄えるようになったのは厚木の町でした。相模川の水運と、陸路の矢倉沢往還（大山街道）などとが交わる立地を活かし、交通の要衝となりました。厚木の地名の由来は、「集め木」が転じたとも言われ、材木などの物資の集散地だったことが想像できます。

明治時代に入ると、町村制で誕生した愛甲郡厚木町は、愛甲郡の郡役所が置かれました。神奈川県の中央部に位置し、愛甲郡とそれに隣接する高座郡北部一帯の中心地としての役割を担います。それでも、東海道本線から遠く外れ、大正時代になっても鉄道が未開通でした。

そんな地域での開通を目指す二つの鉄道会社にとって、この厚木の町は重要な拠点だったに間違いありません。相模鉄道にとっては途中の経由地でしたが、特に神中鉄道にとっては、起業の目的となる地でした。本来は両社とも、その市街地の至近に鉄道の駅を設けるのが最善だったはずですが、大河の相模川への架橋を避けたものと考えられます(3)。

海老名村に開業した駅が「海老名」ではなく、対岸の地名である「厚木」を名乗ったのは、海老名村の村長を歴任し相模鉄道の取締役でもあった望月珪治(4)と、厚木町の助役で神中鉄道の取締役だった中野再五郎という人物が協議をした結果によると言われています(5)。当時、神奈川県の県央地域の主要都市だった厚木町と、周辺の一農村に過ぎなかった海老名村との力関係を考えれば、それは概ね間違っていないでしょう。

有名な地名を、本来の範囲から越境させて、施設の名称などに使用する事例は、現在にも過去にも枚挙にいとまがありません。千葉県に東京ディズニーランドがあるのは最も有名な例ですが、前章で取り上げた軍事用の厚木飛行場も、また、大手繊維メーカーのアツギ株式会社（旧・厚木ナイロン工業株式会社）も、厚木町（一九五五年より厚木市）の行政

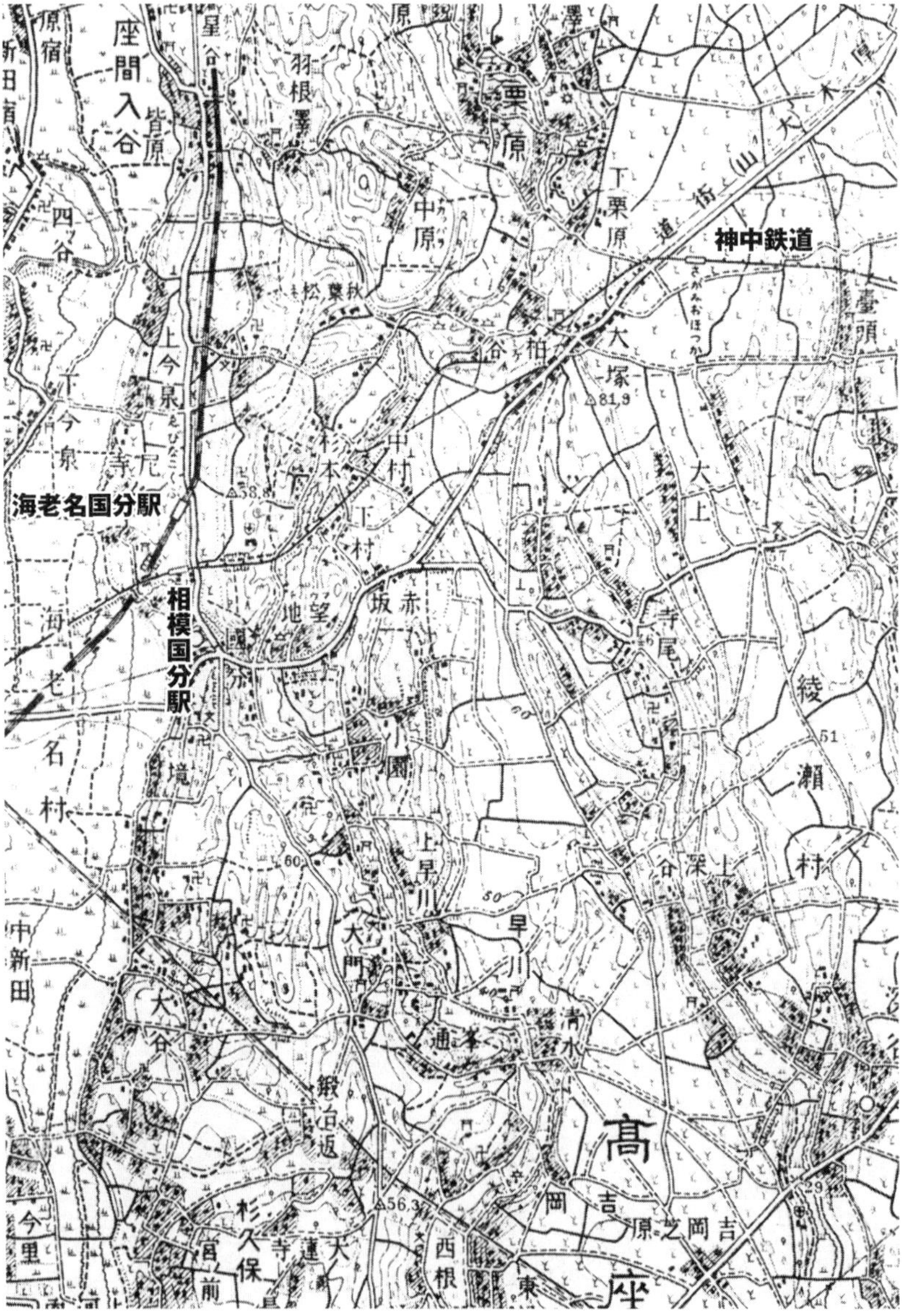

図 6-1　昭和初期の海老名・厚木付近
基図：5 万分 1 地形図「藤沢」(1929 年)

厚木駅
河原口駅
相模厚木駅
相模鉄道

区域には属さず、それぞれ順に現在の綾瀬市・大和市、海老名市に位置しています(6)。しかし、厚木の駅と町の場合、話を複雑にしたのは、ここに相模川を渡る鉄道会社、小田原急行鉄道（後の小田急電鉄）がやって来たことでしょう。

海老名村にできた厚木駅

小田原急行鉄道は、一九二二（大正一一）年五月に得ていた免許をもとに、一九二七（昭和二）年四月、新宿~小田原駅間を一気に開通させました。同社は相模川左岸の海老名村河原口に河原口（現・厚木）駅を設け、相模川に架橋をして、右岸の厚木町の町域で、その市街地を五〇〇メートルほど過ぎた水田地帯に相模厚木（現・本厚木）駅を設けました。すでに述べた通り、前年に開通した神中鉄道と相模鉄道の駅に「厚木」の名が使用されていることに配慮し、区別するため、旧国名を冠した駅名が採用されました(7)。

相模厚木駅の周辺では開業以降、先に述べた助役で神中鉄道の重役だった中野再五郎らの尽力のもと、現在の小田急通りや一番街通り、あつぎ大通り（駅前通り）などの街路が整備されました。旧来の厚木の市街地は、厚木神社付近を中心に、相模川沿いの矢倉沢往還（大山街道）に沿って南北に細長く伸びるものでしたが、小田急の駅周辺にかけて、区画整理の行き届いた市街地が計画的に拡張していきました。戦後、官公庁や中心商店街が駅前（北口）に移動していきます。

そして、相模厚木の駅名は戦争末期の一九四四（昭和一九）年六月に、本来の厚木を意味する「本厚木」に改称されて今日に至ります。さて、厚木駅（海老名市）と本厚木駅（厚木市）の併存は、今日でもよく混乱を生じていますが、厚木町の住民の間には小田急の開通前より、将来の混乱を見越して、厚木駅の改称を求める声があったようです。

というのは、一九二七（昭和二）年三月に開催された厚木町民大会では、こんな内容の決議文が宣言されています。それは「海老名村字河原口所在神中鉄道厚木駅及相模鉄道厚木駅」「右は東厚木駅と改称を妥当とす（理由）右厚木駅は厚木町区域外にして将来交通上の錯誤を来す事尠からずと信じ一般公衆の為我厚木町民は挙つて改称の目的貫徹を期す」[(8)]というもので、神中鉄道と相模鉄道に対して、「厚木」の名を小田急の新駅に譲り、厚木駅を「東厚木」駅に変更することを求めていました。

もっとも、「東厚木」という呼称は、両鉄道の厚木駅の開業前後から昭和初期、海老名村の河原口地区では通称地名として、商工業者が広告などで使用していたようです[(9)]。厚木駅前の河原口地区は、相模川の相模橋（現在のあゆみ橋の位置）を介して厚木の町に連続し、その玄関にあたるため、旅館や飲食店、商店などが集まる駅前集落が形成され、劇場や映画館も存在しました。

また、『横浜貿易新報』によると、実現はしていませんが、海老名村には河原口という字名を「東厚木」に変更しようという動きがあったこともわかります[(10)]。これは先述の望月瑳治が関係しているのでしょうか、海老名村に厚木駅を置いて「東厚木」のまちを開き、県央の中心都市厚木の「ゲートウェイ」とも呼べる場所をつくる目論見だったと思われます。ただし、厚木町では、「厚木」の駅名の使用を快く思っていなかったことになります。

ところで、そのような河原口地区を抱えた海老名村とは、近代以降はどのような地域だったのでしょうか。一八八九（明治二二）年の町村制で成立した高座郡海老名村は、江戸時代の国分村や大谷村、河原口村、中新田村、柏ヶ谷村などが合併したものでした。「海老名」の村名は中世の広域地名（郷名）から取りました。村は一九四〇（昭和一五）年に町に昇格します。海老名村（町）の中心的な集落は国分で、役場は長らくかつての相模国分寺の付近に置かれていました。

そして、神中鉄道は厚木駅の手前に、相模国分駅を開通とともに設置し、また小田原急行鉄道もその約四〇〇メートル北に海老名国分駅を開通時から設置しました。いずれも現在は廃止されていますが、この両駅がもともと海老名村の中心的な駅として機能していたのです（図6-1）。

海老名駅の誕生

相模鉄道はもちろん、特に神中鉄道にとって、愛甲郡厚木町への旅客の輸送はとても重要でした。小田原急行鉄道が開通すると、神中鉄道の乗客の一部が、終点の厚木駅より小田原急行鉄道の河原口駅までしばらく歩き、そこから相模厚木駅（厚木町）方面へ向かうようになりました。そこで一九二九（昭和四）年一月、神中鉄道は厚木駅構内の線路を南へ約三〇〇メートル、河原口駅付近まで延ばし、中新田口ホーム（乗降場）を設けて小田原急行鉄道との連絡をはかります。同一駅の扱いでしたが、時刻表や路線図には厚木駅と（厚木）中新田口駅が並んで表示されました。

また、厚木駅と厚木町の間には、相模橋を渡って相模自動車のバスが走りました。相模自動車は一九二〇（大正九年）八月に設立され、自社の営業所のある天王町（厚木神社付近）と、神中鉄道の厚木駅や小田急の相模厚木駅との間などに路線網を展開していたようですが、一九三一（昭和六）年一二月、藤沢自動車に吸収されます(11)。

そこで神中鉄道は、それに先立つ一九三一（昭和六）年三月より、厚木駅から厚木町まで、乗降客専用の無料連絡バスの運行を開始しています。厚木町の大手町（現・厚木市東町）、現在のあゆみ橋西入口交差点の付近に出札所を設けました。神中鉄道の時刻表を見ると、厚木駅へ向かうバスは、列車出発の約一〇分前に大手町を発車し、厚木駅からのバスは、列車到着後すぐに駅前を発車していたことがわかります(12)。

そこに転機が訪れるのは戦時中です。神中鉄道は一九四一（昭和一六）年一一月、海老名村内に海老名駅を新設し、旅客用の終点を厚木駅（中新田口駅）からこの駅に移します。海老名駅で小田急電鉄の線路に接続し、神中鉄道の気動車が直通。相模川を渡って次の相

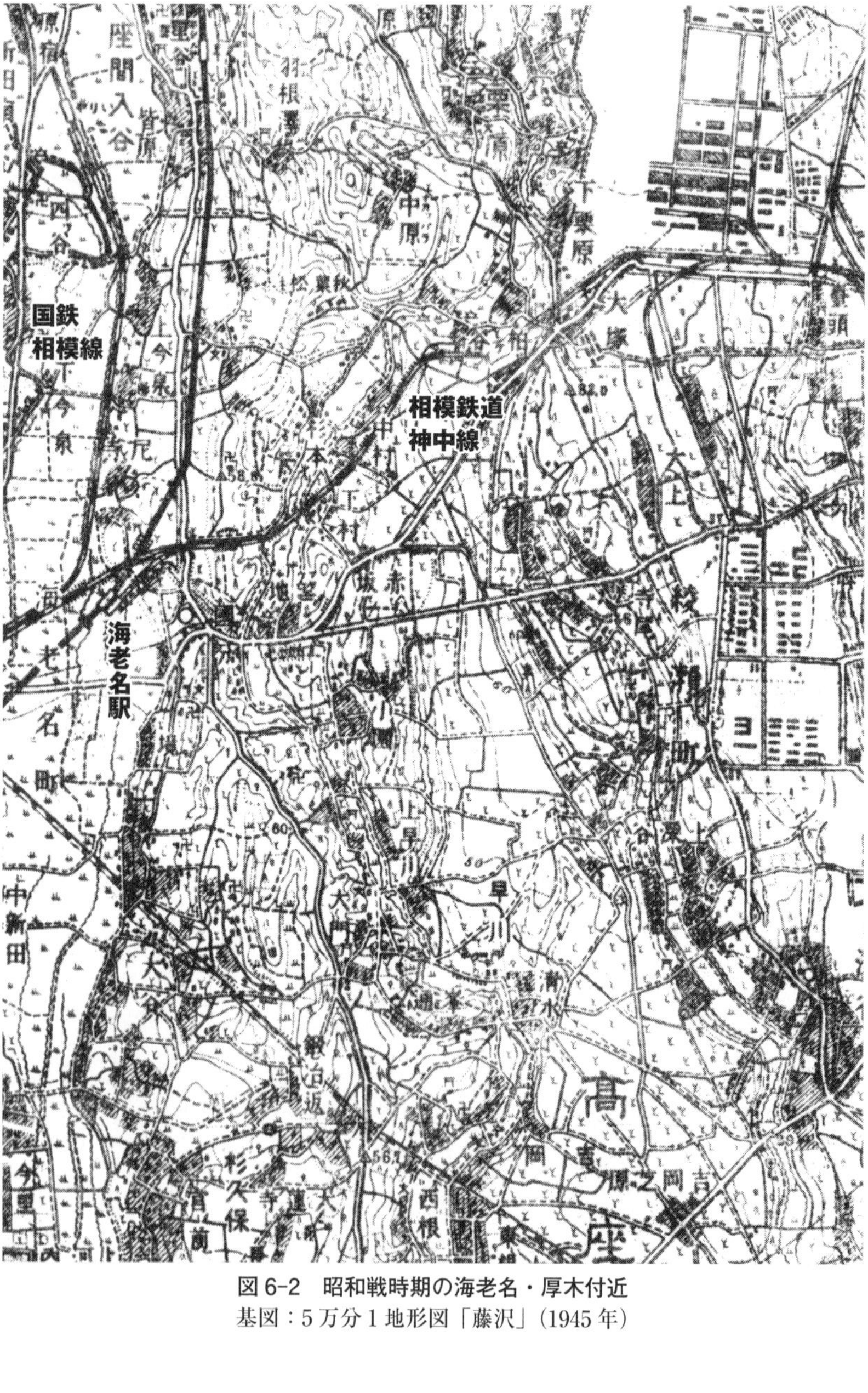

図 6-2　昭和戦時期の海老名・厚木付近
基図：5 万分 1 地形図「藤沢」(1945 年)

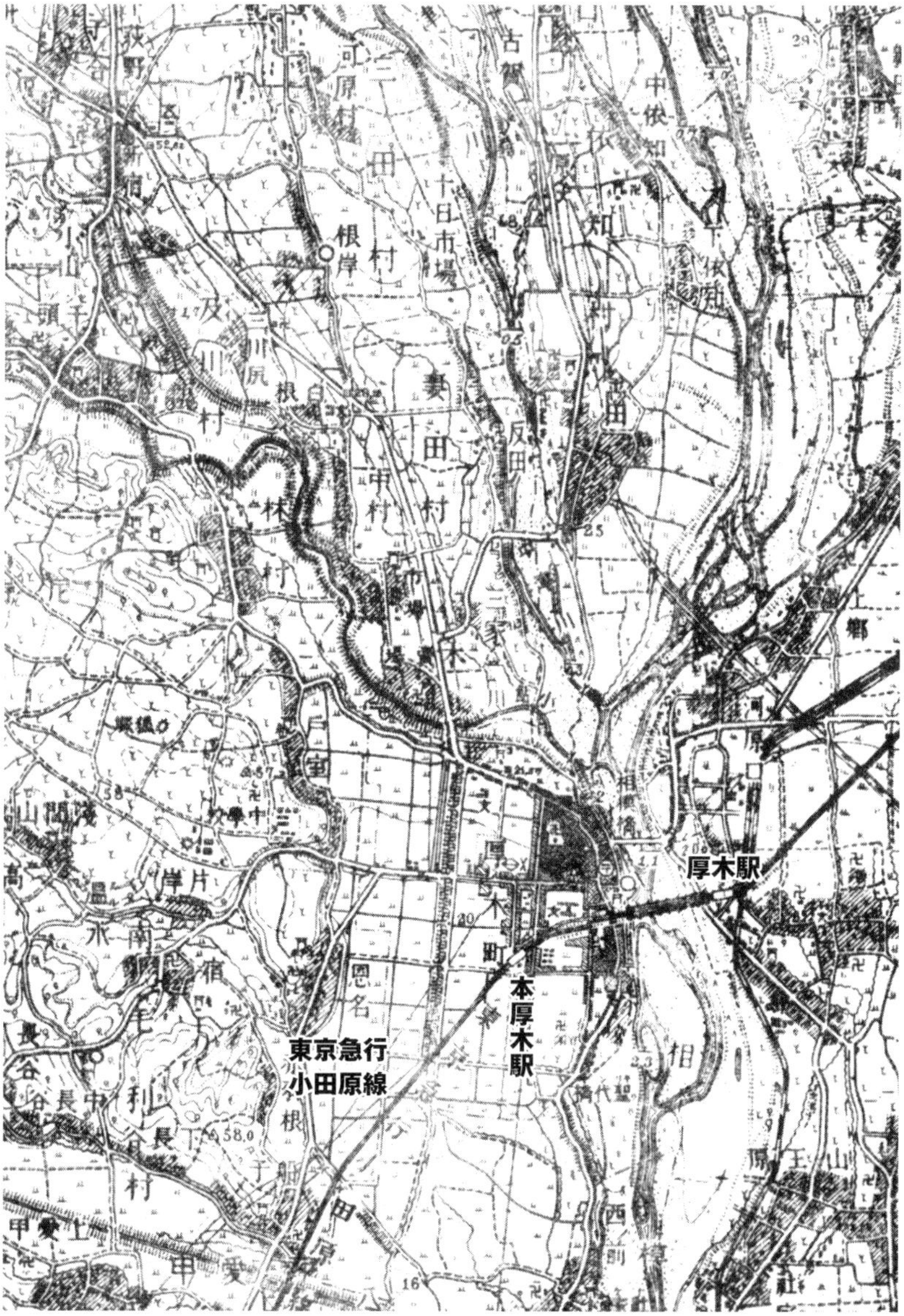
厚木駅
本厚木駅
東京急行
小田原線

模厚木（現・本厚木）駅まで乗り入れたのです。同時に分岐点の相模国分駅は廃止されて信号場に格下げされ、神中鉄道の厚木駅は貨物専用駅になりました（図6-2）。

しかし、横浜〜本厚木駅間での直通運転の実現後も、神中鉄道の経営が芳しくなく、関係を深めていた東京急行電鉄を介し、一九四三（昭和一八）年四月、相模鉄道に統合されます。横浜〜海老名駅間の線路は、相模鉄道神中線となります。これと同時に東京急行電鉄（一九四二年に小田急電鉄を吸収。小田急電鉄は小田原線に）が、小田原線の海老名国分駅を廃止し、代わりに海老名駅を設けました。実はそれまで、小田急電鉄は海老名駅を設けておらず、その電車は全て神中鉄道の海老名駅の横を通過していたのです。

こうして離れて存在していた旧・神中鉄道の相模国分駅と、旧・小田急電鉄の海老名国分駅とが統合されて、新制・海老名町（一九四〇年成立）の顔となるべき、両線の海老名総合駅が誕生したと言ってよいでしょう。ただし、海老名駅での乗り換えが可能となったため、神中線から本厚木駅への直通運転は廃止されます。

その翌一九四四（昭和一九）年の六月には、相模鉄道の本線が国有化されて、茅ヶ崎〜橋本駅間の路線が国鉄相模線になりました。その際に相模線の厚木駅ホームが、かつての神中鉄道の中新田口ホームの位置に移され、東京急行電鉄小田原線の河原口駅を統合して、現在と同じ姿の厚木駅が誕生しました。

ここで述べた戦時期の一連の変化は、図6-1と図6-2を比較することで、確認することができます。

相模川の砂利と県央の観光

さて、大正時代に開業した神中鉄道と相模鉄道はいずれも、蒸気機関車が貨客車をけん引する単線の蒸気鉄道でした。当時、主力となった事業は、旅客輸送よりも貨物輸送で、とりわけ相模川で採取した砂利の輸送は両社の経営に大きな比重を占めていました。

関東大震災からの復興期にあった大正末期から昭和初期、東京や横浜では建築物や土木構造物の建設工事がラッシュを迎えていました。それらは耐震性に優れた鉄筋コンクリートによるものが主流となり、コンクリートの材料としてセメントに混ぜる砂利の需要は、当時極めて高かったのです。そして、昭和時代の前半まで、多摩川や相模川での砂利の採掘に規制はなく、東京府や神奈川県では、その採掘が盛んに行われていました。

相模川に沿って進む相模鉄道は、寒川から海老名、座間などの地区において直営での砂利の採掘事業を展開し、また、他の事業者と運搬等の契約を結ぶなどして、相模川での砂利事業を掌握していきました。

一方、神中鉄道は、直営での採取事業からはすぐに撤退しますが、主に厚木駅周辺で採取された砂利を、開通当初から横浜方面へ向けて運搬しました。ただし、西横浜駅までの路線が開通して国有鉄道の貨物線と接続する以前は、途中の二俣川駅や星川駅で砂利を船に積み替え、帷子川の水運を利用するなどの不便を強いられました。そのため、相模鉄道と比較すると、その輸送量は常に数分の一程度にしか及びませんでした。

それでも自社の印刷物では、「神奈川県下の西部及中部より横浜東京に往復する人々を吸収する次第であるが本社の最大目的は旅客よりも貨物即ち砂利を運送するにあります」(13)とはっきりと宣言しています。厚木駅から横浜方面への砂利の運搬による収入が、やはりその経営を大きく支えていたのです。

とはいえ、相模鉄道と神中鉄道のいずれも、旅客用の気動車（ガソリンカー）を導入するなどして、旅客輸送の向上にも努めています。相模鉄道が一九三六（昭和一一）年一月より茅ヶ崎～橋本～八王子駅間で運行を開始した横浜線直通の気動車は、八王子周辺から湘南海岸への遊覧（主に海水浴）を目的に多く利用されたようです。

そして、神中鉄道は横浜方面で郊外鉄道としての役割を担ったのはもちろん、やはり観光客の誘致にも努めました。図6-3は、西横浜駅が暫定の起点として開業した一九二九（昭和四）年頃に作成されたと考えられる沿線案内図です。当時、最も有名だった鳥瞰図絵師の吉田初三郎の弟子で、同じく絵師である金子常光に依頼し、沿線の鳥瞰図が描かれています。終点の厚木方面では、相模川での鮎漁（川遊び）や厚木近郊の七沢などの温泉、少し離れますが、大山（阿夫利神社）参詣などが行楽の目玉としてアピールされています。また、丹沢山や、図中に地名は記されていませんが、中津渓谷のハイキング等も、団体旅行を企画し割引切符を販売するなど、沿線の観光地として取り込んでいました。なお、厚木駅から太く続いている破線は、ルートがやや異なりますが、先に述べた大山や平塚への延長予定線です。

また、開業から間もなくに発行されたガイドブック、『神中鉄道案内』神中鉄道株式会社（一九二七年）は、「沿線案内」と題して「横浜駅及西横浜駅附近」「北程ヶ谷駅附近」「星川駅附近」…の順に、各駅周辺の名所の解説で構成されています。中でもとりわけ多

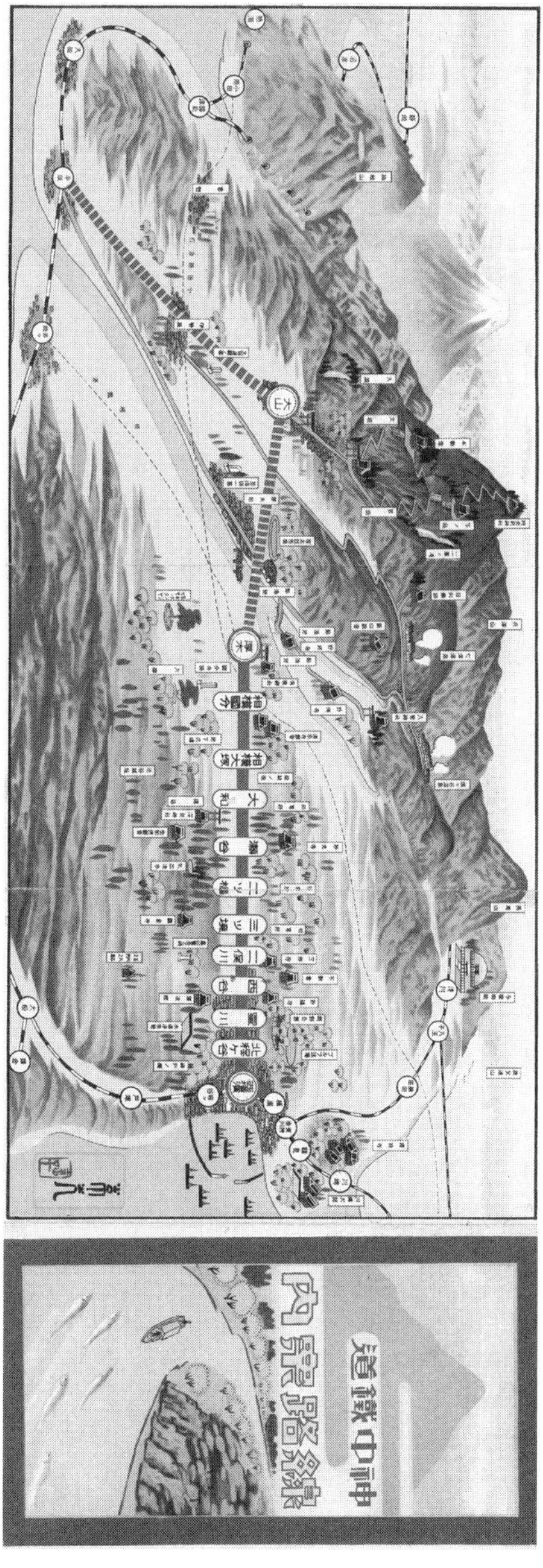

図 6-3 「神中鉄道 線路案内」
神中鉄道株式会社、1929（昭和 4）年頃、横浜都市発展記念館所蔵

くの記述を割いているのは、「厚木駅附近」の次にある「厚木町附近」の頁でした。そこには次のように記されています。「厚木駅より乗合自動車にて五分間、相模橋を渡れば厚木町に達す。〔中略〕相模川に臨む水都にして〔中略〕人口五千余りあり。天王町、仲町、旭町、大手町、元町、弁天町、松ヶ枝町の八ヶ町を以て画然たる市街を成せり。古来相模郡部の物資集散地として賑ひ、近年〔中略〕商業は一層繁栄するに至れり。殊に本社鉄道の外相模、小田原急行等相次ぎて開通せるが故に〔中略〕目覚ましき発展振りを示しつゝあり。厚木町を起点として完備せる道路は四通八達し乗合自動車は各方面に連絡せり」と。そして、「鮎漁」「厚木神社」…「厚木競馬場」…「煤ヶ谷鉱泉」「宮ヶ瀬」「丹沢山」…「七沢温泉」…「阿夫利神社」と、厚木付近の名所の解説が続いていきます。

発展する戦後の海老名

一九四七（昭和二二）年六月、新制の相模鉄道が誕生し、また、翌年の六月に小田急電鉄が東京急行電鉄より分立。戦前に中止された海老名駅を介しての、横浜駅から本厚木駅への直通運転は、相模鉄道が東京急行電鉄の経営下にあった一九四五（昭和二〇）年一二月に復活しています。その時点では小田急電鉄もまだ、東京急行電鉄の小田原線でした。その後も相模鉄道の電車が小田急電鉄に乗り入れるかたちで継続されました(14)。

戦後、相模鉄道は沿線の宅地開発を順次進めていきますが、高度経済成長期にあった一九六〇年代後半からその後の一九七〇年代、最も重点を置いたのが海老名町です。特に一九六三（昭和三八）年四月に町内の大谷地区で分譲を開始した戸建て住宅地は、一九六五（昭和四〇）年に「えびな国分寺台団地」と名付けられて、規模を拡張させました。一九七四（昭和四九）年には住居表示が実施されて海老名市国分寺台となり、住宅地としての完成を見ます。

その間、海老名町は周辺の神奈川県東部の市町村と同様に、五年間で人口が一・五倍以上に増えるなどの激しい人口増加を経験しました。一九七一（昭和四六）年には市制を施行し、海老名市が誕生します。それに先立ち、海老名町の役場は、厚木駅付近に移転させる案を抑えて、一九六六（昭和四一）年、国分寺跡の高台（段丘）を下り、海老名駅に近い平地（現・海老名市中央二丁目）に移動しました（さらに一九八九年に現在地へ移転）。

一方、小田急と相鉄の海老名駅は一九七三（昭和四八）年一二月、約四〇〇メートル南西に移動して、現在の位置に橋上駅舎とホームが整備されました。その前年に小田急の急行が海老名駅に終日停車となり、駅に隣接して小田急の検車区（車庫）も開設されました。新しい海老名駅の駅前（東口）には、海老名市の都市計画と連動しながら、主に小田急の主導で広場や公園が整備されます。

その後、一九八〇年代には大型の商業施設も進出し、海老名駅周辺はおよそ半世紀を経て、冒頭で述べた姿に発展をとげるのです。二一世紀以降、厚木市の人口が微減の状態にあるのに対し、海老名市の人口は着実に増加を続けています。

【註】

(1)海老名ジャンクションから東へ二・六キロの位置にある、東名高速道路の海老名サービスエリアは、東京都を出て最初のサービスエリアであることから、利用者数が特に多く、名物のメロンパンが話題になるなど、構内の店舗は高い商品販売額を誇っています。

(2)藤岡謙二郎『国府』吉川弘文館（一九六九年）などより。

(3)もっとも神中鉄道は、相陽鉄道という未完に終わった鉄道会社から、厚木～伊勢原および平塚～伊勢原～大山という区間の免許を譲り受けていました（一九二五年三月に敷設の認可）。『神中鉄道株式会社定款』（一九二六年）には「神奈川県高座郡海老名村厚木停車場ヨリ愛甲郡厚木町ニ出テ中郡伊勢原町ヲ経テ同郡大山町ニ至ル鉄道」を敷設する、つまり、相模川に架橋をして延伸することを明記していました。しかし、実現されることはなく、伊勢原や大山、平塚への免許は一九三三（昭和八）年一二月に失効してしまいます。

(4)一九一四（大正三）年一一月から一九二〇（同九）年三月、一九二八（昭和三）年五月から一九四六（同二一）年四月（一九四〇年より海老名町）の六期にわたって海老名村（町）長を務めました。

(5)それが有力な説であることは、例えば、『小田急五十年史』小田急電鉄株式会社（一九八〇年）など、いくつかの文献で取り上げられています。

(6)その他、兵庫県の甲子園球場を本拠地とする阪神タイガースも、戦前は「大阪タイガーズ」を名乗っていました。また、行政の境界を兼ねた河川を越えて、有名な地名を鉄道の駅名に採用した例は、他にいくつかあります。例えば、現在のＪＲ福知山線の川西池田駅（兵庫県川西市）は、前身の鉄道会社によって明治時代に開設されて以来、戦後すぐまで池田駅と名乗っていました。「池田」は猪名川の対岸で大阪府に属する主要な地名です。

(7) 一九四一（昭和一六）年一月に通信学校駅が相模大野駅に改称するまでは、小田原急行鉄道で唯一の旧国名を冠した駅でした。また、小田原急行鉄道は他に、現在の秦野市に駅を設けるにあたり、先に開業していた湘南軌道（現在廃止）の秦野駅に配慮し、また、当時の秦野町の域外だったこともあり、「大秦野」という駅名を付けるなどしていました。

(8) 「神中鉄道に対し改名をして呉れ　町民大会で決議文」『横浜貿易新報』一九二七（昭和二）年三月一一日付より。

(9) 飯田孝「昭和初期における海老名市河原口の変貌―『東厚木』の呼称と劇場『相模座』を中心に」『えびなの歴史』第一五号（二〇〇五年）より。

(10) 「時勢の推移から東厚木出現　海老名村河原口改名　大厚木建設前提とも見える」『横浜貿易新報』一九二五（大正一四）年六月二四日付より。

(11) 鉄道省編『全国乗合自動車総覧』鉄道公論社（一九三四年）、『厚木市史史料集（10）交通編』厚木市（一九七六年）などより。

(12) 「昭和七年八月一日改正　列車時刻表」神中鉄道株式会社、「列車時刻表　昭和八年十二月改正」神中鉄道

株式会社、「客車時刻表　横浜⇅厚木　昭和一二年一一月改正」神中鉄道株式会社などより。

⒀「神中鉄道記要」（一九二七年頃。『相鉄五十年史』所収）より。

⒁しかし、一九六四（昭和三九）年一一月、小田急電鉄の輸送量の増大にともない廃止されました。

第七章　田園都市にならう、湘南を目指す、いずみ野線

【二俣川〜いずみ野〜湘南台】

相鉄の支線計画

前章でも述べましたが、神中鉄道は終点の厚木駅から相模川を渡り伊勢原までの区間と、平塚〜伊勢原〜大山の区間にも免許を保有していました。これは未完の相陽鉄道から引き継いだもので、開業後の路線図や沿線案内にも計画線として描かれていましたが、実現しませんでした[1]。

戦後の相模鉄道は一九五八（昭和三三）年一月、二俣川駅で分岐して横浜線の原町田駅（現・町田駅）に至る路線と、同じく二俣川駅から京急の上大岡駅を経て杉田海岸（磯子区）方面へ向かう路線の新設免許を申請しました。詳細なルートは不明ですが、東急の田園都市線や国鉄の根岸線がまだ開通していない時代です。前者は現在の保土ヶ谷バイパスに近いルートで、後者は保土ケ谷区今井町や現在の港南区永谷地区なども経由するものだったと推測しています。

杉田海岸のある根岸湾の沿岸では、一九六三（昭和三八）年の第一期完成に向け、横浜市によって埋立工事が進められていました。埋立地には石油化学をはじめ重化学工業地帯が形成されていきます。相鉄の新線（杉田海岸〜上大岡駅〜二俣川駅〜原町田駅）は、既存の相鉄の路線と十字に交差。横浜市域の郊外に半環状の鉄道を形成し、根岸湾の臨海工業地帯と、住宅地化の進む多摩丘陵とを直接に結ぼうとするものでした。

しかし、この計画は中止され、一九六七（昭和四二）年二月、申請が取り下げられまし

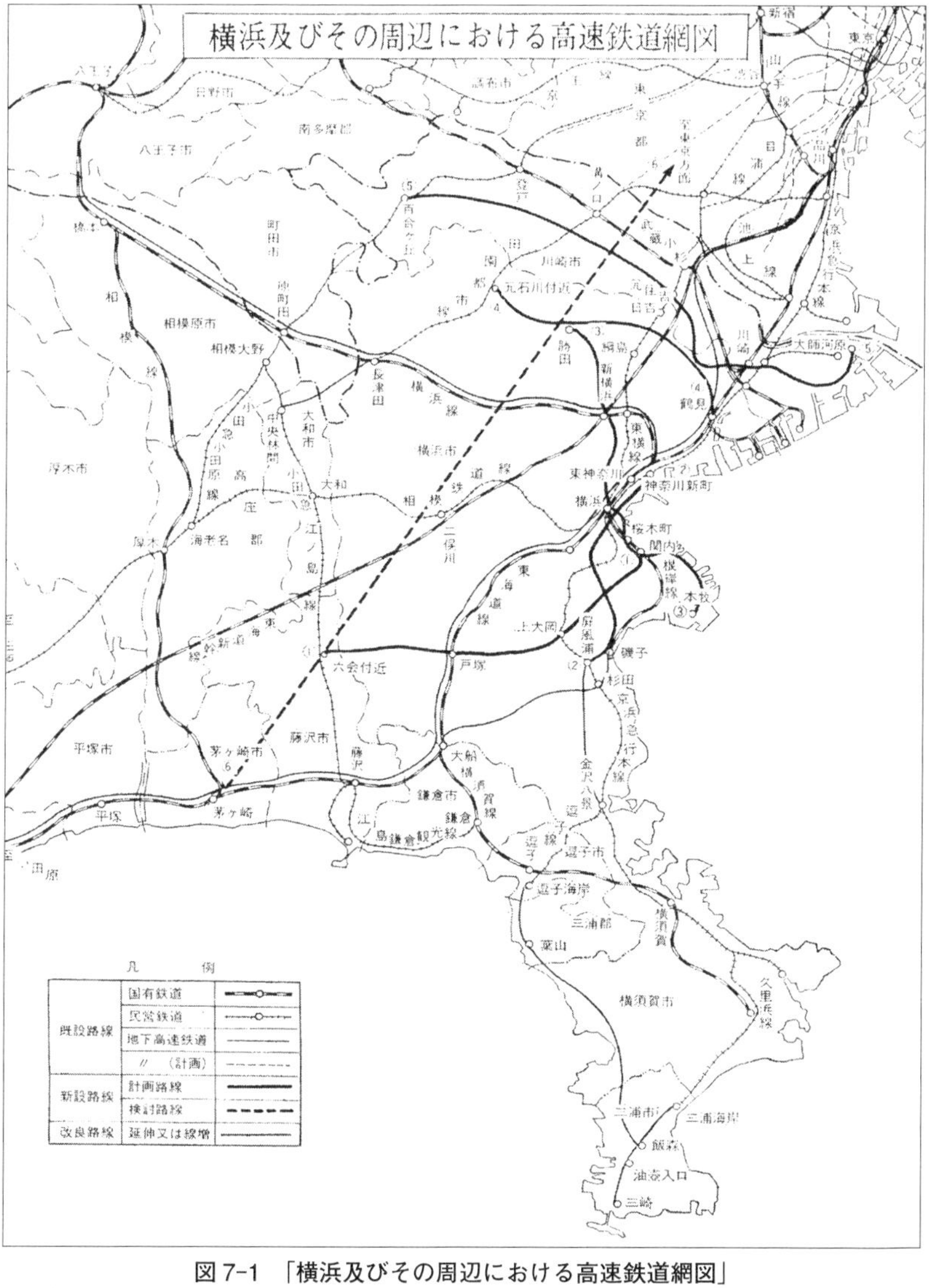

図 7-1　「横浜及びその周辺における高速鉄道網図」
『横浜及びその周辺における旅客輸送力の整備増強に関する基本計画について（都市交通審議会答申第 9 号）』（1966 年）付図
＊横浜市営地下鉄の 1～4 号線が計画路線として示されています。また、後の相鉄いずみ野線や、第 8 章で触れる神奈川東部方面線の原型が、検討路線として示されています。

た。その理由として、相模鉄道の社史は、米軍・上瀬谷通信基地の電波障害の問題があったことを上げていますが、その他に国鉄根岸線や横浜市営地下鉄とのルートの兼ね合いが考えられます。根岸線の建設は戦前から構想されていましたが、根岸湾の埋立事業と連動してそれが実現し、一九六四（昭和三九）年五月に桜木町〜磯子駅間、一九七〇（昭和四五）年三月に磯子〜洋光台駅間が開通し、一九七三年（昭和四八）四月、洋光台〜大船駅間が開通して全通します。

また、横浜市営地下鉄（横浜市営高速鉄道）は一九六五（昭和四〇）年、いわゆる「横浜市六大事業」の一つとしてその計画が発表されました(2)。うち一号線（現在のブルーラインの一部）は、尾上町（関内）から上大岡駅を経て、永谷地区より戸塚区方面へ至るものでした（図7-1）。一九七二（昭和四七）年一二月、伊勢佐木長者町〜上大岡駅間がまず開通し、一九七六（昭和五一）年九月、横浜〜上永谷駅間が全通します。

相模鉄道は一九六七（昭和四二）年二月、先の計画を取りやめたのと同時にそれに代えて、二俣川駅から東海道本線の平塚駅に至る新線の敷設免許を申請しました。そのルートは途中、小田急江ノ島線と長後駅（藤沢市）で、国鉄相模線と香川駅（茅ヶ崎市）でそれぞれ交差するものでした。その後、小田急江ノ島線との交差を湘南台駅（藤沢市）に変更して、一九六八（昭和四三）年一二月、免許を取得します。図7-2ではその具体的な姿が、ひときわ目立つ長距離の計画線（破線）として明示されています。

図 7-2 「神奈川県鉄道地図」
神奈川県、1974（昭和 49）年、横浜都市発展記念館所蔵、加筆

いずみ野線の開通と泉区

一九七六（昭和五一）年四月、免許を受けた区間のうち、二俣川〜いずみ野駅間（六・〇キロ）が開通しました。相模鉄道の初めての支線で、「いずみ野線」と名付けられました。以後、既存の相鉄の路線（二四・六キロ）は「相鉄本線」と称することになります。いずみ野線を走る列車の半分は、二俣川駅にて本線に直通し横浜駅を発着します(3)。

二俣川駅からいずみ野線は、旭区の万騎が原団地の南西に設置された南万騎が原駅（計画時の仮称は万騎が原駅）を経て、万騎が原トンネルを抜け、当時の戸塚区へ

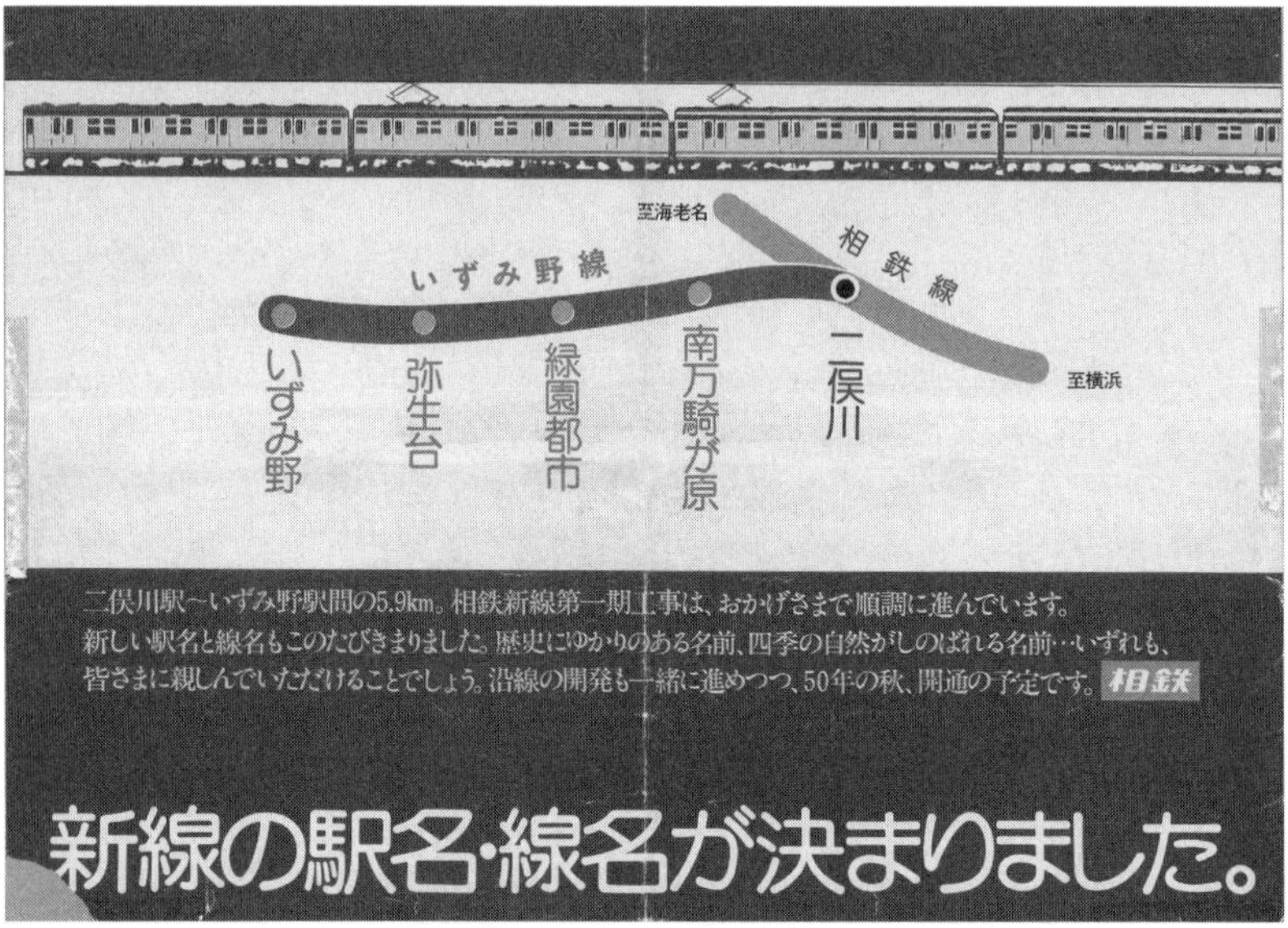

図 7-3 「新線の駅名・線名が決まりました」（ポスター）
相模鉄道株式会社、1974（昭和 49）年、横浜都市発展記念館所蔵

入ります。この区境が武蔵と相模の国境です。そして、丘陵地帯の戸塚区岡津町の子易谷に緑園都市駅（同じく子易《こやす》駅）を、戸塚区新橋町に弥生台駅（同じく新橋町駅）を開設しました。図7－3は、いずみ野線の路線名称と正式な駅名の決定を伝えるポスターです。岡津町も新橋町もかつては鎌倉郡中川村に含まれ、現在は横浜市泉区に含まれます。緑園都市駅からいずみ野駅までの間、岡津トンネルや和泉トンネルなどを抜けます。

当面の終点となったいずみ野駅（計画時の仮称は和泉町駅）は、戸塚区和泉町に置かれました。この地は江戸時代、相模国鎌倉郡の和泉村という、境川の支流の和泉川に沿った南北に細長い村でした。明治時代に隣接する中田村、上・下飯田村と合併して鎌倉郡中和田村を構成します。中和田は中田、和泉、飯田の合成地名です。一九三九（昭和一四）年に横浜市戸塚区に編入されました。

いずみ野線は一九九〇（平成二）年四月に一駅だけ延伸し、終点をいずみ中央駅とします。延伸された線路は和泉川に沿っています。横浜市の都市計画道路（横浜国際港都建設計画道路）の環状四号線(4)もそれに並行します。いずみ中央駅の付近には泉区の区役所や公会堂など置かれました。二〇〇〇年代後半（平成二〇年代）になると、いずみ中央駅の乗降客数が、いずみ野駅のそれを上回ります。

横浜市泉区はそれに先立つ一九八六（昭和六一）年、いずみ野線の沿線地域を切り取るように、横浜市戸塚区から分離して成立しました。その範囲は主にかつての中和田村が元になっていて、旧・中川村の一部（大字岡津ほか）が加えられました。それまでは、戸塚区中和田支所が置かれて、管轄をしていました。

かつての和泉村の村名が、「いずみ」として相鉄の駅名や路線名に、「泉」として行政区名に活かされたことになります。

東急方式にならった沿線開発

さて、いずみ野線の建設は沿線の宅地開発と一体化して進められました。ただし、土地の全面買収を避け、相模鉄道が事業主体となって沿線の地主と組合を設立する、土地区画整理事業の方式で進められました。それは東急電鉄の田園都市線沿線の開発を手本にしたものです。相模鉄道が区画整理事業に要する業務と費用を負担し、造成された土地の一部を、「保留地」と呼ばれるかたちで取得しました。

一九七七（昭和五二）年、いずみ野駅を最寄りとするいずみ野住宅地とひなた山住宅地の分譲が開始されたのを皮切りに、一九七九（昭和五四）年に南まきが原住宅地、一九八二（昭和五七）年に弥生台住宅地の分譲が開始されました。

いずみ野線の沿線において、相模鉄道がとりわけ力を入れて開発したのが緑園都市です。総面積は一二二万平方メートルにおよび、相鉄にとって最大規模のまちづくりプロジェクトとなりました。その意気込みは、「緑園都市」の名称と、そこに掲げられた「街全体を一つの高級リゾートホテルに見立てた街づくり」(5)というコンセプトに見て取れます。住宅地の分譲は一九八六（昭和六一）年一〇月より開始されました。また、緑園都市には学校も誘致されました。一九八八（昭和六三）年、横浜・山手地区の私立名門校、フェリス女学院大学が新たなキャンパスを開き、本部を移設します。そして、当地の正式な地名は、横浜市泉区緑園となりました。

横浜市泉区の置かれた地域は、一九六〇年代の高度成長期には、横浜市に残された鉄道空白地帯であり、まだ農地や山林の多く見られるエリアでした。むしろ安定成長期に移った一九八〇年代以降に、ここに述べた相鉄の新線建設と沿線開発によって、市街地化と人口の増加が進んだと言えます。

もっとも現在においても、横浜市内の行政区（一八区）で耕地面積は瀬谷区に次いで大きく、農業従事者数も都筑区に次いで多く、農業生産は健在です。

湘南台駅への延伸と将来

一九八五（昭和六〇）年七月、運輸省の諮問機関である運輸政策審議会は、「東京圏における高速鉄道を中心とする交通網の整備に関する基本計画について」という答申を出しました。これは二一世紀に至るまでの間、首都圏の鉄道整備のグランドデザインになったものです。そこには新設するのが適当な路線として、神奈川県に関係があるところでは、およそ次の六つが掲げられていました。

●横浜（地下鉄）一号線（舞岡～戸塚～湘南台）
●横浜（地下鉄）三号線（新横浜～港北ニュータウン～あざみ野）
●横浜（地下鉄）四号線（日吉～港北ニュータウン）
●みなとみらい21線（東神奈川～みなとみらい21地区～元町付近）
●相模鉄道いずみ野線の延伸（いずみ野～湘南台）
●二俣川から新横浜を経て大倉山へ至る路線

うち六つ目は次章で述べる新横浜線のことですが、この五つ目にある通り、平成時代に入ると、いずみ野線は一九九九（平成一一）年三月、湘南台駅まで延伸開通しました。途中、横浜市の泉区内にゆめが丘駅を設けます[(6)]。

そもそも湘南台駅は一九六六（昭和四一）年一一月、小田急江ノ島線の長後駅と六会駅（現・六会日大前駅）の間、藤沢市円行《えんぎょう》（旧・高座郡六会村円行）に新設された駅です。周囲は一面の林野でしたが、市域の北部に住宅地と工業地帯や業務地区を育成しようと、一九六〇年代より進められた藤沢市の都市整備事業の一環として、同駅が開業しました。「湘南台」は湘南地域を一望できる高台の意で、一帯の土地区画整理が完了した一九八四（昭和五九）年、藤沢市湘南台が正式な町名になりました。

ただし、相模鉄道が当初、江ノ島線との交差駅として想定していたのは、長後駅でした。長後は、東海道の戸塚宿から大山へ向かう街道の宿場町で、藤沢から八王子方面へ向かう街道とも交わる交通の要地でした[(7)]。一八八九（明治二二）年、高座郡渋谷村の大字となり、一九五五（昭和三〇）年に渋谷町（一九四四年成立）から大字長後が分離し、藤沢市に編入されました（以後、藤沢市長後）。

長後の集落は高座郡の農村地帯を後背地にして、藤沢市北部の中心的な商業地としてにぎわいました。そして、大正末期から、長後街道などを経由して戸塚や厚木、大和、大塚などの各方面へ向かう乗合自動車（路線バス）の拠点になりました。昭和初期に開業した小田急江ノ島線の長後駅[(8)]は、一九六一（昭和三六）年一〇月より急行の停車する主要駅です。

しかし、区画整理のなされていない古い市街地に位置する長後駅は、相鉄の新路線の乗り入れ先として敬遠されました。代わって、新しい市街地が造成中であり、乗り入れ工事の容易な湘南台駅が選ばれたのです。こうして藤沢市北部の交通の拠点が、老舗の長後の町や駅から新興の湘南台駅へと計画的に移されていきます(9)。

いずみ野線と同じ一九九九（平成一一）年の八月、横浜市営地下鉄（ブルーライン）も湘南台駅に乗り入れました。市営地下鉄（市営高速鉄道）の計画が、先述の横浜市六大事業の一つとして発表された当時は、市営地下鉄も長後駅を江ノ島線との接続駅に想定し、一号線（現・ブルーラインの一部）の起点としていました。しかし、一九六六（昭和四一）年一〇月、市営地下鉄の建設が横浜市会で決定されますが、この時に一号線の起点として明記されたのは「六会付近」、つまり湘南台駅でした。やはり藤沢市の要望を受けての結果でした（図7-1）。

さて、二俣川〜湘南台駅間の全通によって、いずみ野線は路線距離が一一・三キロとなります。それにあわせて快速電車を新設し、横浜〜湘南台駅間で運転を開始しました。途中の停車駅は、星川、鶴ヶ峰、二俣川と、いずみ野線の各駅です（現在は西谷駅にも停車）。

湘南台駅から先では、相模鉄道は平塚駅までの免許を保有しています。しかし、免許を取得した高度成長期のような、東海道本線（湘南電車）の激しい通勤混雑は解消されており、平塚駅まで全通させる必要性はうすれています。二〇一六（平成二八）年四月、国土交通省の諮問機関である交通政策審議会が行った答申一九八号「東京圏における今後の都市鉄道のあり方について」では、湘南台駅から相模線の倉見駅（寒川町）までの区間が、今後の検討の対象として上げられました。倉見駅の至近で高架上を東海道新幹線が通過しており、新幹線の新駅の設置が期待されています。

その途中の藤沢市内では、遠藤地区の慶応義塾大学の湘南藤沢キャンパス（ＳＦＣ）付近に駅の設置が見込まれています。そもそも同キャンパスの敷地は、平塚駅までの全通にあわせて住宅地として開発するため、一九六六（昭和四一）年に相模鉄道が取得した土地でした。相模鉄道はこれを譲渡し、湘南藤沢キャンパスは一九九〇（平成二）年に開校しました。また、その南方の大庭地区にかけての一帯には、一九七〇年代より開発されたニュータウン、湘南ライフタウンが広がっています。

相鉄の新線の目指す先は、「いずみ」から「湘南」へと変わっています。

【註】

(1)ただし、開通済みの小田原急行鉄道との重複を避けてか、免許線とは少しルートが異なっていました。例えば、図6-3の「神中鉄道　線路案内」（一九二九年頃）では、厚木から大山、大山から伊勢原、平塚へ延びるルートで計画線が描かれています。

(2)六大事業計画とは、①都心地区整備計画、②横浜港ベイブリッジ計画、③港北ニュータウン計画、④横浜市高速度鉄道計画、⑤都市高速道路網計画、⑥富岡・金沢地先埋立計画という、六つの巨大インフラの建設計画です。主に平成期以降、順にみなとみらい21地区（西区）、横浜ベイブリッジ、港北ニュータウン（都筑区）、横浜市営地下鉄、首都高速道路（神奈川線）、金沢シーサイド（工業・流通団地等。金沢区）として完成を見ます。

(3)分岐点である二俣川駅のホームが、二面三線から二面四線に改良されるのは、一九八九（平成元）年五月になってからです。

(4)横浜市の最も外側を通る環状道路で、金沢区六浦から戸塚区原宿、瀬谷区瀬谷、緑区十日市場町を経て、青葉区鉄《くろがね》町に至ります。いずみ野線は、いずみ中央駅からさらに、ゆめが丘駅付近まで、この道路に並行しています。

(5)『相鉄グループ一〇〇年史』相鉄ホールディングス株式会社（二〇一八年）より。

(6)計画時の駅名の仮称は「下飯田」でした。横浜市営地下鉄の下飯田駅とは、三〇〇メートルほどしか離れていません。周辺は現在でも農地が広がり、相鉄の路線内で最も乗降客の少ない駅ですが、駅前の地下鉄下飯田駅との間の土地には二〇二四（令和六）年七月、大規模複合商業施設の「ゆめが丘ソラトス」が開業する予定です。

(7)前者の街道は「大山道」とも「戸塚道」とも呼ばれ、近代には「厚木街道」、現在は「長後街道」と呼ばれます。神奈川県道二二号の一部です。一九四五（昭和二〇）年、厚木飛行場に降り立った連合国軍最高司令官のダグラス・マッカーサーが、横浜市へ向かう際、この道路を使用したことで知られます。また、後者の街道の呼称は「滝山往還」や「藤沢街道」などです。現在の国道四六七号の原型にあたります。

(8)長後駅は、一九二九（昭和四）年四月の開業時から、一九五八（昭和三三）年四月に改称されるまで、「新長後」駅と称していました。「長後」という名の駅が別に存在したわけではありませんが、駅名に「新」を冠した理由は、開業時の駅の所在地が、渋谷村長後の境域から少し外れており、隣りの六会村の村域に属していたため、遠慮したものと思われます。

(9)二〇〇二（平成一四）年三月、小田急江ノ島線に登場した湘南急行（現・快速急行）は大和駅、湘南台駅、藤沢駅の順に停車し、長後駅は通過します。

第八章　新横浜駅が首都圏の玄関になる時

【西谷〜羽沢横浜国大〜新横浜】

「神奈川東部方面線」の計画

一九八五（昭和六〇）年七月に出された運輸政策審議会の答申で、第七号「東京圏における高速鉄道を中心とする交通網の整備に関する基本計画について」において、新設する高速鉄道の一つとして、二俣川から新横浜を経て大倉山へ至る路線が取り上げられました。これはより正確には「二俣川から新横浜を経て大倉山・川崎方面へ至る路線」と表記されていて、区間は「二俣川〜鶴ヶ峰〜上菅田町〜新横浜〜大倉山」および「新横浜〜下末吉〜川崎（→臨海部方面）」と示されました。「臨海部方面」とあるのは、それ以前より議論のあった羽田空港へのアクセスを視野に入れていたからです。

やがて羽田アクセスという目的は薄れていき、神奈川県の東部、つまり県央部から新横浜駅にかけての地域と、東京都心とを直結することに主眼が置かれるようになっていきます。

計画は一五年後により具体的に示されました。二〇〇〇（平成一二）年一月、運輸政策審議会は同じく「東京圏における高速鉄道を中心とする交通網の整備に関する基本計画について」と題して、答申第一八号を発表します。そこには「神奈川東部方面線（仮称）」として、二俣川〜新横浜〜大倉山駅間の高速鉄道の整備が、目標年次までに開業すべきとして提示されています。そして、大倉山駅で東急東横線と相互直通運転を行う旨を記しています。

この大プロジェクトの主体となることを求められたのは、もちろん相模鉄道でした。自社の大ターミナルである横浜駅を経由しない路線の建設に、決して最初から積極的でなかったものと推測されますが、一九九〇年代に大手私鉄となり、関東の大手私鉄で唯一、東京都内に路線を有しないことから、東京都心への乗り入れを進める方向に転換したものと思われます。横浜駅での乗り換えを要さずに、東京都心・副都心へのアクセスを向上させることで、沿線の居住人口や来訪者の増加も期待できます。

二〇〇六（平成一八）年六月、神奈川東部方面線は相鉄・ＪＲ直通線、および相鉄・東急直通線というかたちで、国土交通省の認定を受けました。それから一〇年以上の歳月を経て、この両線を完成させると、東京都内や埼玉県内に相鉄の電車が初めてお目見えします。

横浜駅を経ず東京都心へ直結

相鉄・ＪＲ直通線は、西谷駅とＪＲの横浜羽沢貨物駅との間に相鉄の新線（二・一キロ）を建設。横浜羽沢貨物駅に隣接して羽沢横浜国大駅を設置し、同駅にて相模鉄道とＪＲ東日本とで相互直通運転を実施するもので、二〇一九（令和元）年一一月、海老名～西谷～羽沢横浜国大～武蔵小杉～大崎～新宿駅間で、直通電車の運転を開始しました。一部の電車は埼京線の大宮方面まで直通します。

なお、ＪＲ区間のうち羽沢横浜国大〜武蔵小杉駅間は貨物線が活用され、電車は通称の羽沢貨物線と武蔵野南貨物線を走行します。そのため、羽沢横浜国大駅から武蔵小杉駅まで一六・六キロ、一七分間にわたって駅に停車することができません。途中の鶴見駅に停車できれば、相鉄・ＪＲ直通線の存在意義が高まりますが、貨物線のジャンクションの鶴見駅には、京浜東北線以外に旅客ホームがなく、構内を通過せざるをえない状況です。また、この電車の運転系統にＪＲの方では、わかりやすい愛称がつけられておらず、単に「相鉄線直通」と案内をしています。

そして、二〇二三（令和五）年三月、羽沢横浜国大駅から新横浜駅までの相鉄の新線が開通。新横浜駅にて、日吉駅から延伸・新設された東急電鉄の路線と接続し、相鉄（本線およびいずみ野線）と東急（目黒線・東横線）、都営地下鉄（三田線）、東京メトロ（副都心線・南北線）、東武鉄道（東上線）、埼玉高速鉄道とでの相互直通運転が開始されました。西谷〜新横浜駅間は「相鉄新横浜線」、新横浜〜日吉駅間は「東急新横浜線」と名付けられました。横浜市の都市計画道路・環状二号線の地下などを利用して、ほぼ全区間で地下を走行します[1]。

これによって、相鉄の海老名駅および湘南台駅から、横浜駅を介さず新横浜駅を経由して、東京の都心・副都心や城北地区（北区、板橋区、練馬区）、埼玉県南部・南西部へ直行することが可能になりました。なお、直通する電車は主に相鉄線内では各駅停車です。相

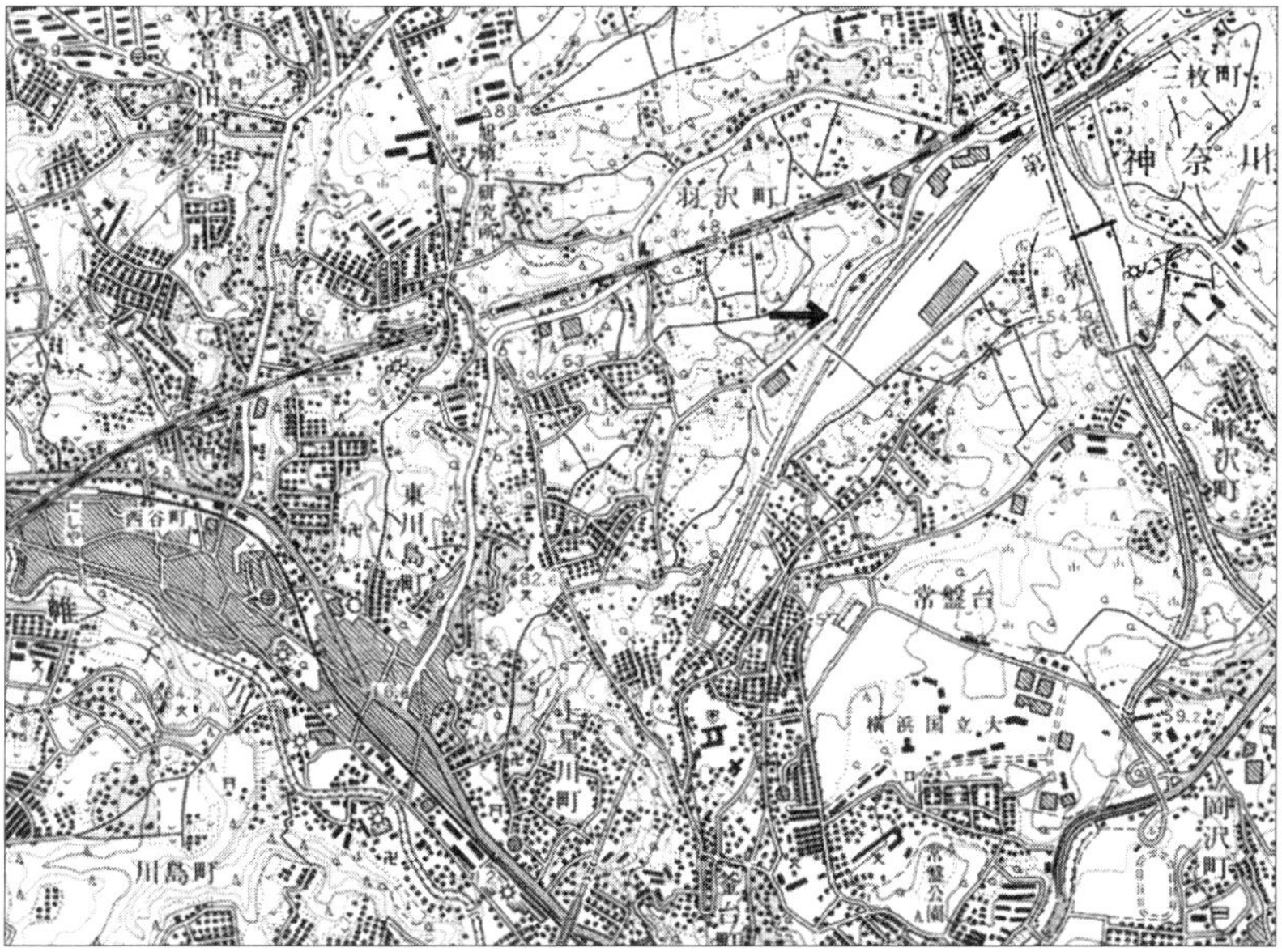

図 8-1　1970 年代の羽沢付近
2 万 5 千分 1 地形図「横浜西部」（1976 年）、加筆
＊図の右上から下側へ伸びるのが、工事中の羽沢貨物線と横浜羽沢貨物駅（矢印）。

鉄の特急電車は、運転本数を大きく減らしたものの、横浜～海老名駅間での日中毎時二本の運転は確保されました[(2)]。横浜駅が相鉄の最重要のターミナルであることは変わりません。

「羽沢」と貨物線反対運動

羽沢横浜国大駅はＪＲ貨物の横浜羽沢駅の敷地に設置されました。東海道新幹線が付近を通過し、第三京浜道路の羽沢インターチェンジも近接しています。また、駅名は、以下に述べる二つの名称を合成しています。

まず、「羽沢」は横浜市神奈川区に含まれる地名で、当然、既存の貨物駅を念頭に、駅名の一部に組み込みました。その横浜羽沢貨物駅は一九七九（昭和五四）年一〇月、東海道貨物線の一部である通称・羽沢線（鶴見〜戸塚駅）の開通とともに開業しました。この貨物線は「横浜新貨物線」と呼ばれ、建設にあたっては沿線地域に激しい反対運動が起こりました。

それは一九六四（昭和三九）年に策定された、国鉄の第三次長期計画（一九六五年度からの七カ年度）に端を発します。計画には「通勤五方面作戦」と称して、東京から放射状に伸びる東海道・中央・東北・常磐・総武線の近郊区間の複々線化が大きな柱として盛り込まれました。そのうち東海道本線は、戦前より東京〜大船駅間で複々線化は完了し、旅客列車と貨物列車の線路の分離が実現していましたが、高度成長期にあって通勤混雑は激しさを極めていました。

そこで、東海道本線の旅客列車の線路から、横須賀線電車を分離させることが計画されました。当時、平塚・小田原方面行きの普通列車（湘南電車）と、横須賀線直通の電車が同じ線路を走っており、電車の増発もままならなかったのです。横須賀線電車の専用の線路として、品川〜鶴見駅間では、本線を離れ新鶴見操車場を経由する通称・品鶴貨物線が転用されることになり、鶴見駅から大船駅までは、旅客線に並行して横浜駅を通過している貨物用の線路が、転用されることになりました。

ただし、当時は自動車による貨物輸送が大きく伸びる直前で、まだ鉄道貨物が大きなシエアを占めていました。そのため、代わりの貨物線が必要でした。鶴見区以西については、鶴見駅から神奈川区や港北区、保土ケ谷区の下末吉台地の地下を通り、戸塚駅付近で本線に合流して大船駅に至るというルートで貨物線を新設することが、一九六六（昭和四一）年四月に発表されます。工事は一九七二（昭和四七）年に完成する予定でした。

しかし、貨物新線が地下に通ることになった港北区の篠原・菊名地区などを中心に、住民の激しい反対運動が発生したのです。横浜新貨物線反対運動です。当時は、成田空港の建設に反対する三里塚闘争（成田闘争）など、一部で過激な住民運動も見られた時代です。横浜市が調停に入るなど、事態の収拾に向けた努力がなされましたが、計画は大幅に遅れて、羽沢貨物線が竣工したのは、計画の決定から一〇年以上も後だったのです。

「横浜大学」をめぐって

一方、羽沢横浜国大という駅名のうち「横浜国大」は、駅から南へ約一キロに位置する横浜国立大学の略称です。

横浜国大は、旧制の横浜高等工業学校と横浜高等商業学校という二つの官立の高等教育機関と、県立の神奈川県師範学校・神奈川県女子師範学校（戦時中に統合・官立化）などを母体として、一九四九（昭和二四）年に新制の国立大学として開学しました。国立大学は戦後の学制改革で、全国の各都道府県に必ず一つ以上が設置されました。その名称は県名が採用されるのが一般的ですが、名古屋大学や神戸大学、金沢大学など、所在都市の知名度の高い場合は都市名が採用されています。横浜もそれと同様で、当初は「横浜大学」という名称で、神奈川県における国立大学の開学が申請されました。

ところが、現在の横浜市立大学である旧制・横浜市立横浜商業専門学校と、現在の私立の神奈川大学である旧制・横浜専門学校も、「横浜大学」として新制大学の開学を申請していました。そのため、三者の協議の結果、いずれも「横浜大学」という名称の使用は回避されることになり、神奈川県の国立大学は「横浜国立大学」と称することになったのです。「国立」が大学名に入るのは全国で唯一です。

そして、横浜国立大学のキャンパスは長らく、高等工業学校のあった弘明寺と高等商業学校のあった清水ヶ丘、師範学校のあった鎌倉などに分かれたままでした。しかし、第三章で述べましたが、一九七四（昭和四九）年、程ヶ谷カントリー倶楽部（ゴルフ場）の跡地に複数のキャンパスが統合され、常盤台キャンパスが誕生します。

羽沢横浜国大駅は、そんな横浜国立大学の裏側にあたり、周囲にはまだ、貨物駅と幹線道路に囲まれた殺風景な景観が広がっていますが、やがて大学の門前駅として発展していくことが期待されます。

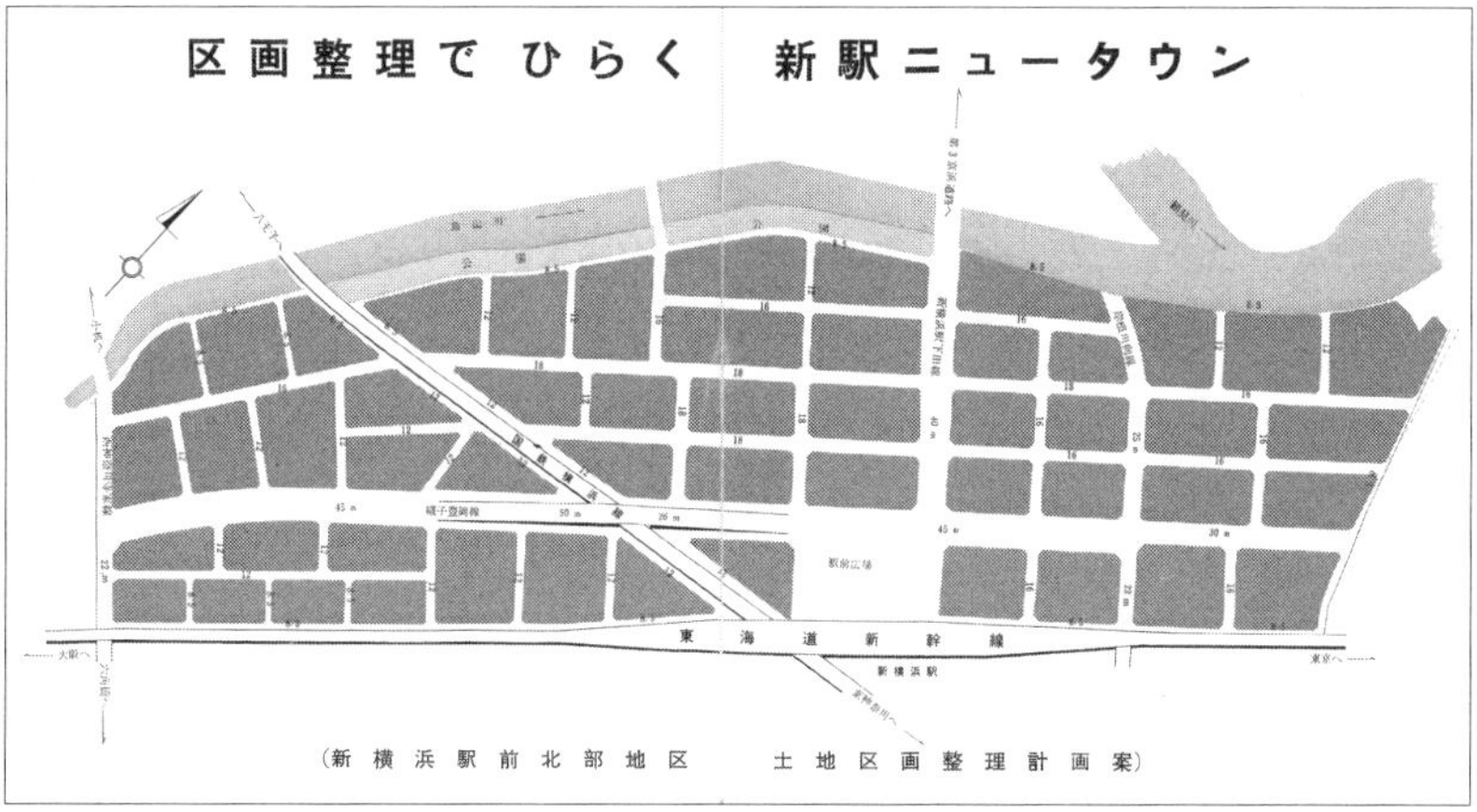

図 8-2 「区画整理でひらく新駅ニュータウン」
「区画整理で夢ひらく新横浜駅前」横浜市計画局（1964 年）挿図

新横浜のあゆみと今後

相鉄・東急新横浜線の開通により、改めて大きく注目されることになったのは、新横浜の駅と街でしょう。新横浜駅は横浜市港北区篠原に位置し、戦後、大都市横浜の新しい玄関として位置づけられた、いわば四代目の横浜駅です。明治時代より横浜駅は、国土軸である東海道の鉄道から外されぬよう、北への移動を三代にわたって重ねましたが、東海道新幹線、つまり新しい東海道の誕生にあたり、移動をさらに重ねたのです。

しかし、横浜の中心市街地の関内地区から北へ五キロ以上離れ、その周辺は一九六〇年代においても一面の水田でした。もとは鶴見川に鳥山川が合流する氾濫原（低湿地）でした。戦前の横浜市三〇〇〇分一地形図「岸根」（一九四二年）を見ると、食用蛙の養殖場や「蛇袋《じゃぶくろ》」という字名があったことが確認できます。

新幹線の開業を伝える『神奈川新聞』の記事には、第一章で見た現在の横浜駅の竣工時のような仰々しい見出しはなく、新横浜駅のことを「なにせ田んぼの中の一軒家」(3)とだけ本文中で述べています。四代目に対する将来の期待はあまり感じられません。駅前(北口)は一九六〇年代より土地の区画整理事業を進め、一九七五(昭和五〇)年には港北区新横浜という町名を定めて、ビジネス街の創出を目指しましたが(図8-2)、二〇年が過ぎても多くが更地のままでした。

連絡する路線は当時、単線だった国鉄の横浜線だけで、新横浜駅には東海道新幹線の各駅に停車する「こだま」号のみが停車し、「超特急」と呼ばれた「ひかり」号は全て通過しました。「ひかり」号の停車を求める要望は、一九六〇年代後半より横浜商工会議所や神奈川県議会などから、複数回にわたって提出されました。しかし、一九七六(昭和五一)年七月、一部の「ひかり」号の停車がようやく実現するものの、一日に上りと下りの一本ずつだけでした。そのため、横浜から関西方面へ行くにあたり新横浜駅は敬遠され、多くの人が東京駅まで出て「ひかり」号に乗車していました。

「ひかり」号が毎時、新横浜駅に停車するようになるのは、一九八五(昭和六〇)年三月です。同時に横浜市営地下鉄が横浜駅から新横浜駅まで延伸しました。横浜線の東神奈川駅から橋本駅までの複線化もこの時までに完成し、頻発運転も実現しました。そして、国鉄がＪＲに変わる一九八〇年代、東海道本線の横浜駅を発着する長距離列車はほぼ夜行のみとなり、二一世紀に入ると、夜行列車もほとんど消滅します。二〇〇八（平成二〇）年三月、最速の「のぞみ」号（一九九二年運転開始）を含む全列車の新横浜停車が実現し、同時に巨大な駅ビル「キュービックプラザ」も誕生しました。ようやく新横浜駅が東海道の横浜ターミナルとして成長し、完全に横浜駅からその地位を奪います。

新横浜駅周辺の開発が本格化するのも、一九八〇年代後半以降です。一九八九（平成元）年に横浜アリーナ、一九九二（平成四）年にプリンスホテルと、周辺に大型の集客施設がオープンすると、駅前（北口）にホテルや飲食店、銀行、事務所などの集積が進みます。一九九四（平成六）年に横浜市が二〇一〇年を目標年次として策定した都市づくりの総合計画「ゆめはま２０１０プラン」では、新横浜駅周辺地区は「新横浜都心」として位置づけられました。港北の「新横浜」という街が横浜の副都心、あるいは新都心として認識されるようになったと言えます[4]。

もっとも、時代状況や利用者の特性が異なりますので、新横浜駅の周辺が、横浜駅周辺と同じように発展することはあり得ないでしょう。それでも、相鉄・東急新横浜線の開通によって、新横浜の駅と街が、大都市横浜の新都心であるだけでなく、例えば羽田が首都圏の玄関であるように、神奈川県と東京都、埼玉県にかけての、首都圏の西側半分という広域エリアの「玄関の代名詞」になっていくことを期待します。

【註】

(1)東急新横浜線では途中、新綱島駅が東横線綱島駅の至近の地下に設けられました。計画時に分岐駅とされていた大倉山駅の付近では、地下を線路が通過していますが、駅は設けられていません。二〇〇〇（平成一二）年の運輸政策審議会の答申の段階では、東横線の（田園調布～）日吉～大倉山駅間を複々線化し、大倉山駅を分岐駅とする予定でした。

(2)相模鉄道の特急電車は、二〇一四（平成二六）年四月に横浜～海老名駅／湘南台駅間で運転を開始しました。途中停車駅は二俣川駅と、大和駅／いずみ野駅です。同時に、横浜～海老名駅間での快速電車が運転を開始しました。停車駅は星川駅と、鶴ヶ峰～海老名駅間の各駅です。いずれも現在は西谷駅が加わっています。

(3)『神奈川新聞』一九六四（昭和三九）年一〇月二日付より。

(4)新横浜駅の北口に対して、南口（篠原口）は台地の山林が迫っており、開発の対象になっていませんでした。一九九〇年代に着手された土地の区画整理事業は進展せず、現在も雑然とした景観になっています。新横浜駅を設置した日本国有鉄道が、東海道新幹線を運営するＪＲ東海と、横浜線を運営するＪＲ東日本とに分かれてしまったことも影響しているように思われます。北口の開発の成功が目に見えて明らかになった今後は、南口（篠原口）の整備が期待されます。

あとがき

われわれがある地域の地理や歴史を体系的に説明する場合、最も一般的に用いる地域区分は、都道府県や市区町村という地方自治体の行政区域でしょう。たいていは「○○県」や「○○市」を単位にして話を組み立てていくはずです。しかし、首都圏や京阪神圏などの、鉄道網の発達した大都市圏では、市区町村ごとに地域に区切りを入れてしまうと、地理的なイメージがうまくできないことがあります。日常的に移動手段として鉄道を用いていると、「○○市」や「○○区」よりも、「○○線沿線」や「○○駅周辺」など、鉄道の路線や駅をめぐる地域単位の方が理解しやすいのかもしれません。

筆者は横浜市の施設である歴史系の地域博物館に約二十年間、調査研究員（学芸員）として勤務しました。その間、市域の調査研究を進める一方、行政区域の枠組みを外し、大都市圏とそれをセクター状に細分する鉄道沿線を単位にして、地理や歴史を描きたいと考えていました。そんな中でこのたび、幸いにもクロスカルチャー出版の一連のシリーズで、一つの鉄道沿線の近現代史をまとめる機会を得ることができました。機会を設けていただいた同社の川角功成氏には、この場を借りて御礼を申し上げます。

さて、そのお題として与えられたのは相模鉄道です。相模鉄道は、他社線への乗り入れにより、近年、東京都内に初めてその車両が姿を現し、話題を集めています。それでも大手私鉄で唯一、横浜市を含む神奈川県のみに線路を有する鉄道会社です。その近現代史が神奈川県や横浜市などの地理・歴史と不即不離なのは言うまでもありません。しかし、今回は県誌や市史の中で相模鉄道が取り上げられるのではなく、横浜市の各区、大和市や海老名市などの枠組みを取り外した、「相鉄沿線」という地域区分が物語の舞台です。不十分ながら、本書を通じて新たな切り口からの地理や歴史に触れていただけましたならば、誠に幸いです。

なお、本書は近現代史を掲げながら、どうしても筆者の専門から、人物よりも場所や地名に関する記述が中心となりました。その理解の補助となるよう、地図を挿図としてできるだけ多く掲載しましたが、紙幅に限界があります。また、原図が多色刷りであるため、見えにくくなってしまったものもあります。願わくは地図帳や電子地図をお手元にご用意いただき、それらとともに本書を読み進んでいただけましたならば、より一層の幸いです。

二〇二四（令和六）年七月

岡田　直

関連年表

一九一六（大正五）	六月	相模鉄道の発起人に軽便鉄道の敷設免許（茅ヶ崎町～海老名村～相原村橋本）
	八月	神中軌道の発起人に蒸気軌道の敷設特許（横浜市～保土ヶ谷町～二俣川村～海老名村）
一九一七（大正六）	一二月	神中軌道創立。相模鉄道創立
一九一九（大正八）	五月	神中軌道に軽便鉄道後の地方鉄道の敷設免許（蒸気軌道より転換）
	六月	神中軌道が「神中鉄道」に改称
一九二一（大正一〇）	九月	相模鉄道、茅ヶ崎～寒川駅間開通
一九二五（大正一四）	一月	神中鉄道、横浜市久保町～二俣川村間の線路敷設免許（ルート変更）
一九二六（大正一五）	五月	神中鉄道、二俣川～厚木駅間開通
	七月	相模鉄道、茅ヶ崎～厚木駅間全通
一九二七（昭和二）	四月	小田原急行鉄道、新宿～小田原駅間開通
	五月	神中鉄道、北程ヶ谷（現・星川）～厚木駅間全通
一九二八（昭和三）	一〇月	鉄道省、横浜駅を現在地に移設（三代目）
一九二九（昭和四）	二月	神中鉄道、西横浜～厚木駅間全通
	四月	神中鉄道に気動車（ガソリンカー）登場
	四月	小田原急行鉄道、大野信号所～片瀬江ノ島駅間開通（江ノ島線）
一九三一（昭和六）	四月	相模鉄道、茅ヶ崎～橋本駅間全通
一九三二（昭和七）	三月	東京横浜電鉄、渋谷～桜木町駅間全通
	六月	相模鉄道に気動車（ガソリンカー）登場
一九三三（昭和八）	一二月	神中鉄道、横浜～厚木駅間全通
一九三六（昭和一一）	一月	相模鉄道、橋本駅より横浜線の八王子駅へ直通運転開始

一九三九（昭和一四）　一一月　神中鉄道が東京横浜電鉄の傘下に
一九四一（昭和一六）　六月　相模鉄道が東京横浜電鉄の傘下に
　一一月　神中鉄道、海老名駅を開業し、小田急電鉄の相模厚木（現・本厚木）駅への直通運転開始（一九四三年三月中止、一九四五年一二月再開）
一九四二（昭和一七）　五月　東京横浜電鉄、小田急電鉄などが統合し、東京急行電鉄が発足
　六月　神中鉄道、横浜～西谷駅間電化
一九四三（昭和一八）　四月　神中鉄道が相模鉄道に統合
一九四四（昭和一九）　六月　相模鉄道の茅ヶ崎～橋本駅間等が国有化（相模線）
　六月　相模鉄道、江ノ島線（東京急行電鉄）との連絡のため、大和駅を移設
　九月　相模鉄道、横浜～海老名駅間（神中線）の全線電化
一九四五（昭和二〇）　六月　相模鉄道が東京横浜電鉄に経営委託
一九四七（昭和二二）　六月　相模鉄道が経営を自立（現・相模鉄道）
一九四八（昭和二三）　五月　相模鉄道、希望ヶ丘住宅地の分譲開始
　六月　新制の東京急行電鉄、小田急電鉄などが発足
一九五〇（昭和二五）　六月　相模鉄道、乗合バスの営業開始（二俣川～保土ヶ谷）
一九五二（昭和二七）　一一月　相模鉄道が米国スタンダード石油所有地を譲受
一九五五（昭和三〇）　一二月　相模鉄道に自社開発車両の五〇〇〇系電車（初代）登場
一九五六（昭和三一）　四月　横浜駅西口に横浜駅名品街（横浜センター）開業
一九五七（昭和三二）　二月　相模鉄道、横浜～海老名駅間で準急電車の運転開始
一九五九（昭和三四）　一〇月　横浜駅西口に横浜髙島屋（相鉄会館）開業
一九六二（昭和三七）　一一月　横浜駅西口にステーションビル開業
一九六三（昭和三八）　一一月　相鉄ストア一号店（三ツ境店）開業
一九六四（昭和三九）　一〇月　東海道新幹線が開通し、新横浜駅開業
　一一月　相模鉄道、準急電車を急行電車として運転開始

	一二月	横浜駅西口にダイヤモンド地下街開業
一九七一（昭和四六）	七月	相模鉄道に冷房車登場
一九七三（昭和四八）	一一月	横浜駅西口に相鉄ジョイナス（新相鉄ビル）開業
一九七四（昭和四九）	三月	相模鉄道、横浜～海老名駅間の全線複線化
一九七六（昭和五一）	九月	横浜市営地下鉄、上永谷～横浜（相鉄ジョイナス前）駅間全通
	四月	相模鉄道、二俣川～いずみ野駅間開通（いずみ野線）
一九七九（昭和五四）	一〇月	国鉄、羽沢貨物線（鶴見～横浜羽沢～戸塚駅）開通
一九八〇（昭和五五）	一一月	横浜駅東口に駅ビル「ルミネ」、地下街「ポルタ」開業
一九八一（昭和五六）	四月	相模鉄道、一〇両編成列車の運転開始
一九八七（昭和六二）	三月	国鉄、相模線に海老名駅開業
	四月	国鉄の分割民営化により、ＪＲ東日本・東海・貨物などが発足
一九九〇（平成二）	五月	相模鉄道が大手私鉄に認定
一九九九（平成一一）	三月	相模鉄道、二俣川～湘南台駅間全通（いずみ野線）
	八月	横浜市営地下鉄、湘南台～横浜～あざみ野駅間全通（ブルーライン）
二〇〇〇（平成一二）	九月	東急目黒線が営団地下鉄（現・東京メトロ）、東京都営地下鉄との直通運転開始
二〇一三（平成二五）	三月	東急東横線・横浜高速鉄道みなとみらい線が東京メトロ、東武鉄道、西武鉄道との直通運転開始
二〇一四（平成二六）	四月	相模鉄道、横浜～海老名／湘南台駅間で特急電車の運転開始
二〇一九（令和元）	一一月	相模鉄道、西谷～羽沢横浜国大駅間開通。ＪＲ東日本との直通運転開始
二〇二〇（令和二）	六月	横浜駅西口にＪＲ横浜タワー開業
二〇二三（令和五）	三月	相模鉄道、西谷～新横浜駅間全通（相鉄新横浜線）。東急新横浜線（新横浜～日吉駅）に接続し、東急東横線・目黒線、東京メトロ、東京都営地下鉄、東武鉄道、埼玉高速鉄道との直通運転開始

〔参考文献〕　＊自治体史、事典、新聞雑誌、地図等は割愛

『相模鉄道四十年史』（相模鉄道、一九五八年）
『相鉄五十年史』（相模鉄道、一九六七年）
『日本図誌大系 関東Ⅰ』（朝倉書店、一九七二年）
三島富士夫、宮田道一『鉄道と街 横浜駅』（大正出版、一九八五年）
『相鉄七十年史』（相模鉄道、一九八七年）
野田正穂・原田勝正・青木栄一・老川慶喜編『神奈川の鉄道』（日本経済評論社、一九九六年）
佐藤進一『神奈川県の鉄道関係新聞記事抄録』（二〇〇〇年）
『小田急七五年史』（小田急電鉄、二〇〇三年）
長谷川弘和『横浜の鉄道物語』（ＪＴＢパブリッシング、二〇〇四年）
今尾恵介『地図と鉄道省文書で読む私鉄の歩み 関東（三）』（白水社、二〇一五年）
『相鉄グループ一〇〇年史』（相鉄ホールディングス、二〇一八年）
岡田直『横浜 鉄道と都市の一五〇年』（有隣堂、二〇二三年）

岡田　直（オカダ　ナオシ）

1967（昭和 42）年生まれ（滋賀県出身）。東京大学文学部卒業、京都大学大学院修士課程修了（専門は人文地理学）。書籍編集者を経て、2023（令和 5）年まで横浜都市発展記念館・主任調査研究員（学芸員）。現在は横浜市史資料室に勤務。

横浜都市発展記念館では「昭和はじめの地図の旅」「横浜にチンチン電車が走った時代」「あこがれの団地」「横浜鉄道クロニクル」などの企画展を担当。

著書に『横浜 鉄道と都市の 150 年』（有隣堂）、共編著に『地図で楽しむ横浜の近代』（風媒社）、『地図で読み解く JR 京浜東北・根岸線沿線』（三才ブックス）、『鉄道「歴史・地理」なるほど探検ガイド』（PHP 研究所）、解説に『吉田初三郎鳥瞰図集』（昭文社）、監修に『京急沿線の不思議と謎』（実業之日本社）、『地図で読み解く小田急沿線』『地図で読み解く東急沿線』『地図で読み解く東京』（以上、三才ブックス）などがある。

相鉄沿線の近現代史　　CPC リブレ No.20

2024 年 7 月 31 日　第 1 刷発行

著　者　岡田　直
発行者　川角功成
発行所　有限会社　クロスカルチャー出版
〒 101-0064　東京都千代田区神田猿楽町 2-7-6
電話 03-5577-6707　　FAX 03-5577-6708
http://crosscul.com
印刷・製本　（株）シナノパブリッシングプレス

ISBN 978-4-910672-42-7 C0021 Printed in Japan

クロスカルチャー出版　好評既刊書

Crossculture Publishing Company Ltd.

No.13　不平等と序列社会を超えて
格差・貧困の社会史
●庄司俊作（同志社大学名誉教授）
●A5判・本体2,000円＋税　ISBN978-4-908823-65-7 C0036
新型コロナ感染症問題で新たな格差、貧困、分断が世界的に顕在化、まさに時期を得た企画

No.14　鉄道沿線史シリーズ　5
中央沿線の近現代史
●永江雅和（専修大学教授）
●A5判・本体2,000円＋税　ISBN978-4-908823-73-2 C0021
小田急、京王線に続く第3弾　!東京の大動脈、中央線の今と昔。街並み、乗客、列車、駅、この4つを平明に書き記した著者の歴史家としての視点が冴える。

No.15　現代詩歌シリーズ
歌人 中城ふみ子 その生涯と作品
●加藤孝男（東海学園大学教授）・田村ふみ乃
●A5判・本体1,800円＋税　ISBN978-4-908823-72-5
中城ふみ子生誕100周年記念出版。戦後に華々しくデビューした中城ふみ子。その鮮烈な歌集『乳房喪失』、そして遺歌集『花の原型』。二人の現代歌人が生涯と作品を読み解く。

No.16　現代詩歌シリーズ
西脇順三郎の風土 小千谷を詠んだ詩の数々
●中村忠夫
●A5判・本体2,000円＋税　ISBN978-4-908823-79-4
天才詩人西脇順三郎の故郷を詠んだ詩篇の優しい解釈ばかりではなく、写真やイラストを駆使して背景をも紡ぎ出した、もう一つの卓越した西脇文学論。〈改訂新装版〉

No.17　コロナ禍の大学問題
2020年の大学危機 ―コロナ危機が問うもの―
●光本　滋
●A5判・本体2,000円＋税　ISBN978-4-908823-85-5
コロナ危機の中、大学の在り方を問う!!
オンライン、対面授業や教育費負担の問題などに鋭く斬りこむ。

No.18　近鉄開業125周年記念出版
近鉄沿線の近現代史
●三木理史（奈良大学教授）
●A5判・本体2,000円＋税　ISBN978-4-910672-15-1
大和西大寺駅から書き始めて複雑な路線図・沿線史を分かりやすく描き出す。沿線の発展史は、もう一つの合併史でもある。関連年表・写真・図版 85 枚入。

No.19　賢治文学の神髄に迫る
宮沢賢治の地平を歩く
●太田昌孝（名古屋短期大学教授）
●A5判・本体2,000円＋税　ISBN978-4-910672-17-5
清六さんの言葉に心打たれ、賢治の故郷の風に心を洗われた著者、渾身の一冊。
イーハトーブの地平に咲く言葉たちよ・・・。

Cross-cultural Studies Series　クロス文化学叢書

第１巻　互恵と国際交流
●編集責任　矢嶋道文（関東学院大学名誉教授）
●A5判・上製・430頁　●本体4,500円＋税　ISBN978-4-905388-80-7
キーワードで読み解く〈社会・経済・文化史〉15人の研究者による珠玉の国際交流史論考。

第２巻　メディア　―移民をつなぐ、移民がつなぐ
●河原典史（立命館大学教授）・日比嘉高（名古屋大学准教授）編
●A5判・上製・420頁　●本体3,700円＋税　ISBN978-4-905388-82-1
移民メディアを横断的に考察した新機軸の論集　新進気鋭の研究者を中心にした移民研究の最前線。

第３巻　有徳論の国際比較
●編著　矢嶋道文（関東学院大学名誉教授）
●A5判・上製・334頁　●本体3,700円＋税　ISBN978-4-908823-51-0
共同研究による「有徳論」の国際比較〈日本とイギリス〉の試み。
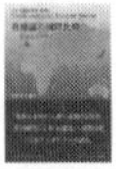

CPC レファレンス・ブック

読む、味わう、ユニークな移民レファレンス・ブック
移民ビブリオグラフィー　―書誌で見る北米移民研究―
●神　繁司（元国立国会図書館員）著
●B5判・本体20,000円＋税　ISBN978-4-905388-34-01
日系移民史の基本文献を収集した、ユニークなレファレンス本。

驚愕の原発年表!!
詳説福島原発・伊方原発年表
●編著　澤　正宏（福島大学名誉教授）
●B5判・本体25,000円＋税　ISBN978-4-908823-32-9
年表で読む福島原発・伊方原発
1940-2016